速読トレーニングで磨く

スポーツの判断力

動体視力　視野の広さ　脳の処理速度

日本一の速読教室
一般社団法人楽読ジャパン代表
石井 真

KANZEN

Prologue
はじめに

　ボールと一体となったドリブルや華麗なシュート。
　見ているものが思わずボールを見失うほどの、素早いパスプレー。
　相手の動きを読み、封じるスーパーショット……。

　神ワザのようなスーパープレーは、テクニックを磨いただけでできるものではありません。
　筋力をつけて、トレーニングを重ねても、その場の状況に応じた的確でスピーディーな判断ができないと、どんなに素晴らしいテクニックを持っていても生かすことはできないものです。
　手や足を鍛えても手足が勝手に動くわけではありません。目や耳が見たり聞いたり情報を得ているわけでもありません。脳が判断をして手足を動かし、目や耳を通して脳が情報を得て処理し、必要なものだけをインプットしているのです。

だから、どんな脳を持っているのかが、とても重要なのです！

　脳は未知なる力を秘めています。鍛えれば鍛えるほど無限の力を発揮します。記憶力や理解力、判断力などがアップするうえに、今持っている身体能力やテクニックを最大限に生かすことができるのです。

　そして、その脳を効果的に楽しく鍛えることができるのが「速読」トレーニングなのです。本を速く読めるということは、脳をきちんと働かせているということ。普段私たちはほんの一部の脳しか使っていないといわれています。意識して働かせないと脳は機能しないばかりか、衰えていくことに。今まで使っていない脳を刺激するだけで、脳は目覚め驚くほどの力を発揮するのです。

　海外の進んでいるスポーツ界では、子どものうちから脳を鍛えて判断力をつける訓練をしています。スポーツの世界も身体能力やテクニックを磨くだけでなく、強い精神力と戦術的な判断力が求められています。「速読」トレーニングは、そんな精神力と判断力を養う画期的なメソッドなのです。

速読トレーニングで磨く
スポーツの判断力

はじめに ……………………………………………………………… 2

第1章 速読がスポーツの上達に効果があるワケ …… 9

なぜスポーツの上達に速読が効果的なの? …………………… 10
スポーツに必要な能力とは? ………………………………… 12
「目」を鍛えて視野拡大、動体視力アップ …………………… 14
「脳」を鍛えて判断力アップ ………………………………… 16
コミュニケーション力がアップ! …………………………… 18
さまざまなスポーツで効果が上がる! ……………………… 20
速読トレーニングで実際に効果が上がった例 ………………… 22
勉強やビジネスにも効果あり ………………………………… 24

Column
受講生の声① ゴルフの場合 ………………………………… 26

Contents

第2章 速読とはどんなもの? ……… 27

速読とは? ……… 28
速読で得られる効果 ……… 30
速読トレーニング　4つのポイント ……… 32
速読トレーニング　「目」のポイント ……… 34
速読トレーニング　「脳」のポイント ……… 36
右脳と左脳の違いって? ……… 38
速読が脳内ホルモンの分泌を促す ……… 40
倍速音声を聞きながらトレーニングする ……… 42
コアチューニングで脳や体もリラックス ……… 44

Column
受講生の声②　パワーリフティングの場合 ……… 46

| 第3章 | さあ、速読トレーニングをはじめよう | 47 |

速読トレーニング 基本の流れ ……… 48
速読トレーニングの準備 ……… 50
トレーニング① 「分間計測」 ……… 52
　　　　　　　　1分間の読書スピードを計測する ……… 54
トレーニング② 「眼筋トレーニング」 ……… 58
　　　　その1 左右のトレーニング ……… 60
　　　　その2 上下のトレーニング ……… 62
　　　　その3 遠近のトレーニング ……… 65
トレーニング③ 「コアチューニング」 ……… 66
　　　　　　　　腹圧調整 ……… 68
トレーニング④ 「文字を眺める」 ……… 70
　　　　その1 高速パラパラ ……… 72
　　　　その2 逆さになった字を読む ……… 74
トレーニング⑤ 「ストレッチ」 ……… 76
　　　　　　　　キラキラ体操 ……… 78
トレーニング⑥ 「速く眺める」 ……… 80
　　　　　　　　可能な限りの速さで見る ……… 82
トレーニング⑦ 「効果を測定する」 ……… 84
　　　　　　　　最終計測 ……… 86

Column
受講生の声③ さまざまなスポーツでの声 ……… 90

Contents

第4章 さまざまなスポーツでの効果 ……… 91

野球の場合
福岡市・沖学園高等学校 野球部 ……… 92
INTERVIEW
　沖学園高等学校 野球部 鬼塚監督 ……… 96
　楽読インストラクター 中村福美子さん ……… 98

サッカーの場合
クラブチーム 蹉跎伊加賀蹴球団 ……… 100
INTERVIEW
　クラブチーム 蹉跎伊加賀蹴球団代表 永山宜真さん ……… 104

弓道の場合
武田邦夫さん ……… 106

テニスの場合
友進テニス道場 田中友幸さん ……… 110

卓球の場合
池田孝夫さん ……… 114

INTERVIEW
　心理専門士・ビジネス瞑想家
　本田ゆみさん ……… 116

Contents

第5章 トレーニングを長く続けるコツ ……… 119

忙しい人向け「時短トレーニング」 ……… 120
すきま時間にできる「ながらトレーニング」 ……… 122
「おまけトレーニング」で日頃から脳を活性化！ ……… 124

おわりに ……… 126

Chapter 1

速読がスポーツの上達に効果があるワケ

1-1 なぜスポーツの上達に速読が効果的なの?

黙読から「視読」に切り替える

　速読はその名の通り、速く読むことです。そのためには、文字を一語一語追っていく黙読から、映像を見ているかのように、ひと目見て読み解く「視読」に変える必要があります。それには**高速でできる限り多くのものを見る目**と、目が映像を捉えるスピードに合わせて、**たくさんの情報を処理する脳が必要なのです**。

目と脳を鍛える速読

　速読では、見る力と脳の情報処理能力を高めるため、目と脳を鍛えるトレーニングをします。それにより、**見る速度が上がり、視野も広がり、照合スピードやイメージ力が上がるようになるのです**。それはまさにスポーツに必要な能力と共通しています。

目と脳と体は密接に関係しています。目で捉えた情報を脳へ正確に送り、脳では的確に処理して体を動かします。スポーツといっても種類はさまざまですが、目と脳を使う点はすべてにおいて言えること。特に、瞬時の判断がキメ手になるスポーツにとっては、見る力は非常に重要です。

　速読のトレーニングは、目と脳を鍛えて速く読む力が身につくだけでなく、五感が研ぎ澄まされてスポーツに必要な能力も同時に引き上げられるのです。

目と脳を鍛えることが
スポーツ上達のカギ！

- スムーズに動かす
- 視野を広げる

- 目のスピードに対応する
- 情報を素早く引き出す

1-2 スポーツに必要な能力とは?

レベルの高い判断力が決め手

身体能力や技術力はどんなスポーツにも求められますが、**優れたスポーツ選手とそうでない選手との違いは「判断力」**。「判断力」が乏しければ、チャンスを逃したり、ミスをしてしまうことも。すばやく的確に動くためには、判断する力が不可欠です。それには同時に、「視覚能力」と「理解力」、そして、「イメージ力」が必要です。見て、状況を把握し、その先を推理して、的確な判断を下すのです。

スポーツに大切な4つの能力

第一に必要な「視覚能力」とは、主に物の位置や距離を測る目のピント合わせと、動いているものを瞬時に捉える動体視力、そして、視野の広さを言います。**距離感が正確につかめれば、シュートの成功率は上がり、パスミスもな**

くなり、動体視力がアップすれば、超高速のボールも捉えることができるのです。 さらに視野が広いと、目の前のボールを追いながらも、離れたところにいる味方や相手の動きまでもが目に入るようになります。

次に必要なのが、「理解力」。目が捉えた情報を脳が処理する力です。そこから今度は、状況をつかみ「イメージする」ことへとつながります。展開を推理して、仲間や相手の動きを読むのです。そして、最後に自分がどう動くかを決める、「判断力」が求められます。スポーツにおいては、これらの4つの力を瞬時に働かせることが大切なのです。

脳を活性化させて今ある能力を伸ばす

速読のトレーニングでは、特に右脳を活性化することが重要になります。右脳には情報をイメージに置き換えて受け取ることができる機能があり、それを「イメージ化機能」と言います。極端に言えば右脳を鍛えれば目や耳を使わずに視覚的、聴覚的にイメージがキャッチできるということです。スポーツにおいては、相手がいる方を見なくてもボールや相手の動きを感じる、相手の動きを予測して瞬時に次の行動を開始する、といった、感覚でものを捉える能力が必要になります。**右脳を活性化することで、今ある技術を最大に生かし、スポーツのパフォーマンスを上げることができるのです。**

1-3
「目」を鍛えて視野拡大、動体視力アップ

スムーズな目の動きが見る速度を上げる

　速く多くの情報を目で捉えるには、目の動きをよくすることが第一です。目も他の体のパーツのように、筋肉によって支えられています。**目の動きをスムーズにするには、眼球を上下左右に動かし、目のまわりの筋肉、眼筋を鍛えることが大切です。**

視野を広げていく

　一度に多くの情報を得るには、ひと目でどれだけの情報を目で捉えることができるか、見る範囲、視野の広さにかかっています。眼筋を鍛えるトレーニングと同時に視野を意識的に広げる訓練をします。

　普段私たちの目には絶えず情報が流れ込んできています。しかし、脳が情報を選び、一部の情報は省略されてしまっ

ています。視野には入っているのに、見えていないのです。視野を広げて多くの情報を得るには、**なによりも見ようと意識することが大切です。**

動体視力を上げる

動体視力とは、動いているものを目でキャッチする力のことです。目を速く動かす**速読のトレーニングをしていると、眼球がスムーズに動くようになり、速く動くものにも対応できるようになります**。高速で飛んでくるボールの縫い目まで見えるようになることも。

また、動いているものを追いかけ続けるということは、絶えずピント調整をしていることになり、毛様体筋（ピント調整にかかわる筋肉）が鍛えられます。

目を鍛えると……

■ **視野が広がる!**

コート内の対戦相手や仲間の位置を把握できる。

■ **動体視力アップ!**

相手の動きやボールを瞬時に捉えることができる。

1-4
「脳」を鍛えて判断力アップ

スピードに順応する

　速読で速く文字を追えるようになると、脳の情報を処理するスピードが上がってきます。**脳には刺激に応じて順応する性質があるからです**。さらに脳が活性化されるので、高速処理をする回路が整えられていきます。脳の情報処理速度が上がると、速くしっかり物事を理解できるようになり、新たな自分の能力に気づくことも。

イメージ力がアップする

　脳の情報処理能力がアップすると、考えるのではなく、五感を働かせて感じるように、感覚で分かるようになります。英語をわざわざ日本語へ変換して考えて理解するのではなく、英語のまま感じ取るようなものです。
　また、英語は会話のレベルが上がると、知らない単語が

出てきても、蓄積されている知識を働かせて意味を予想し、理解できてしまうものです。つまり、**脳は鍛えると自分の知っていることを関連づけて、勘を働かせる力がついてきます**。速読のトレーニングで脳を鍛えていくと、体に叩き込んだ目の動きと脳の情報処理速度によって考えるスピードがアップしてきます。そこに、**イメージする力も加わり、総合的に考えて的確な判断をすることができるようになります**。

脳を鍛えると……

■ 勘が働くようになる

自分の知識と関連づけて、感覚で動けるようになる。

■ イメージ力がつく

次に何か起こるかを予測し、それに対応することができる。

■ 判断力がアップ！

状況を瞬時に理解して、次に何をすればいいか判断できる。

1-5 コミュニケーション力がアップ！

相手の気持ちをイメージできる

　速読のトレーニングを始めたチームが、コミュニケーション能力まで上がったという声がよく上がります。**脳の情報処理能力が上がると、思考の幅が広がり、気持ちに余裕が出てきます**。プレーに集中しながらも、周囲を見ることができ、周囲の人のことまで考えることができるのです。

　また、右脳と左脳をバランスよく鍛えることも要因です。右脳を鍛えると、イメージしやすくなります。そのうえ、速読で視覚能力もアップしているので、他人のちょっとしたしぐさや表情、動きが目にとまり、そこから相手の気持ちをイメージすることができるようになります。そのため、人間関係が円滑になってくるのです。

　また、右脳を鍛えることで物質の波動に同調し、情報を得る「共振共鳴機能」や情報をイメージに変換する「イメージ化機能」の働きがアップします。それによって、相手に共感することができるようになります。プレー中も相手の

ちょっとしたしぐさや表情、動きが目にとまり、そこから**相手の気持ちや状態をイメージすることができるようになるのです**。パスがよく通り、素早くフォローし合い、チームプレーがよりスムーズになるでしょう。そのうえ、お互い話をすればきちんと相手の気持ちが感じられたり、空気を読む能力も上がるのです。チーム内の雰囲気がよくなります。

素直な言葉で表現できる

　左脳で考えるのではなく、右脳で感じる感覚を大切にする速読のトレーニング。それによって、**自分の気持ちを素直に言葉で表現できるようにもなります**。言葉を受け取った相手もまた、感じたままの素直な言葉で返すので、メンバー同士の関係がよくなります。イメージ力がつくので、相手のことを考えられるようになり、思いやりのある言葉にもなるようです。もちろん、指導者とのコミュニケーションもよくなり、指導がスムーズに行えるようです。

1-6
さまざまなスポーツで効果が上がる!

野球なら……速球が余裕で見えてくる!

　ピッチャーの手から離れた瞬間に、ボールの球筋を見極めることができ、**余裕を持ってボールがくる位置にバットを振ることができます**。速球でも動きがゆっくりに見えて、落ち着いてプレーができるようです。守備もバッターが打った瞬間にボールの行き先が読めるので、慌てることなく取りに行けます。余裕が持てれば、まわりの動きまで分かるように。

サッカーなら……オールコートが見えてくる!

　目と脳を鍛えることによって、**視野が広がり、極端に言うとボールを追いながら、オールコートが見えてくることも**。すると離れたところにいる味方や相手の動きまでわかり、落ち着いて判断し、最適なところにパスを出すことが

できるようになります。もちろん、チャンスを見逃すことがなくシュートも狙えるでしょう。**判断力がアップすると、パスやドリブル、シュートすべての動きがよくなります。**

バスケなら……次の動きを瞬時に判断できる！

　視野が広がり、見る力がついてくると、周囲の人の様子を落ち着いて見ることができ、自分がどう動くべきか、瞬時に判断して、的確に行動することができます。さらにチームメンバーのフォローをしたり、ミスしてしまった人に、気の利いた言葉をかけることができるようになります。また、脳が活性化するので、むやみに緊張せず、適度にリラックスした状態でプレーができます。フリースローも普段の練習通り決められるでしょう。

テニスなら……ボールのパワーがアップ！

　相手がボールを打った瞬間にコースが読めるようになるので、**すぐに移動ができ、どんな速球も余裕を持ってラケットを振ることができます。**その余裕が生まれることで、フォームを立て直すことができ、ボールのパワーまでプラス。もちろん相手が打ち返しにくいコースをしっかり狙うことができ、プレイの流れを自分のものにもできるでしょう。

1-7 速読トレーニングで実際に効果が上がった例

打率がグンッとアップした沖学園野球部

　第100回全国高等学校野球選手権記念南福岡大会。ノーシードの沖学園野球部が強豪校を次々と破り、南福岡代表として甲子園（全国大会）初出場を決めました。沖学園は過去３度、県大会決勝へ進出しながらも準優勝で涙をのんでいました。そんなチームが変わったきっかけが速読トレーニング。県大会３回戦前日からウォーミングアップ前に速読を組み入れました。小説の文庫本を手に持ち、２分間素早くパラパラとめくって、文字を追いかけます。また、眼球を上下左右に動かし、眼筋を鍛える訓練などなど。

　選手たちはその成果が打率に速攻現れ、３回戦は11安打、４回戦は15安打、準々決勝は10安打、準決勝は16安打と、４試合連続２桁安打を記録しました。速読トレーニングで動体視力がアップし、打率がグンッとアップしたようです。

　チームでトップの打率だった選手に聞くと、

「極端に言うと、ボールが空中で止まっているかのように

見えたから、落ち着いてボールが来る場所にバットを振れた」

さらに変化球の見極めもできるようになったと話していました。

沖学園野球部のトレーニング内容

- **眼筋トレーニング**(P.58〜P.65)
  上下左右に眼球を動かして、目の筋肉を鍛える。
- **高速パラパラ**(P.72〜73)
  本をパラパラとめくり、スピードに目を慣れさせる。
- **コアチューニング**(P.66〜69)
  腹圧を調整して、体の中心部分をゆるめる呼吸法。
- **キラキラ体操**(P.78〜79)
  肩甲骨まわりの筋肉をほぐして、血行を促す体操。

合わせて30分ほど

たった1度の訓練で、2、3人の選手は速攻効果が現れ、ボールが遅く感じ、打率がよくなったようです。試合当日も実践し、効果はてきめん。

「ボールの早い動きに目が慣れ、変化球はボールの縫い目までわかった」「視野が広くなり、ボールの動きはもちろん、相手の動きまでよく分かった」と、選手たちはそれぞれ、速読の効果を体感しました。

1-8
勉強やビジネスにも効果あり

スポーツ以外にもいいこと尽くし

　速く文章が読めて、脳の処理能力が上がれば、スポーツばかりでなく、勉強や仕事においてもいいこと尽くし。
　勉強では、短時間で復習予習が済み、記憶力もアップし、試験時に余裕を持って問題を解くことができます。成績が上がる人が少なくないです。
　また、美術や音楽など芸術分野でも効果を発揮します。見る力がつくので、今まで見えていなかったものが見えるようになり、観察力やイメージ力が上がったり、右脳を刺激するので、感性が磨かれます。
　ビジネスシーンでは、もちろん仕事の処理能力が上がるので、**段取りを考え、仕事を効率よくスムーズに短時間で行うことができます**。1つのことに集中しなくても、さまざまな情報を認識しながら、仕事を処理できるので、結果的には、余裕が生まれ、仕事の効率が上がります。
　さらに、情報を認識して処理する能力がアップするので、

アイデアが浮かび、企画力が上がります。

　プレゼンに対しても、視野が広がるうえに、情報量が増えるので、予想外の質問に慌てることなく、リラックスして行えます。

勉強や仕事での効果

■ 速く読めると人より多く学習できる

　速く読めるということは、それだけ人より多くの情報が得られるということ。さらに処理能力が上がるので、1時間にできる勉強の内容量が増えます。さらに脳が活性化されるので、記憶力もグンッとアップ。

■ 複数の仕事を同等に処理する

　いろいろな情報を認識でき、脳の処理能力がアップすると、複数のことを同時に行うことができます。パソコンに向かいながら、電話に対応し、急な問い合わせにも慌てず対応するといった仕事がデキる人に。

Column

受講生の声①

ゴルフの場合

コース前の高速パラパラで スコアがアップ!

相馬瑞加さん

　速読トレーニングを始めたら、ドライだった目が潤い、頭はマッサージをしたみたいに気持ちがよかったんです。効果がすぐに実感できたので、楽しく続けられました。

　24回ほど「楽読」に通ったら、ずっと伸び悩んでいたゴルフのスコアが急によくなったんです。レッスンでも意識することを促される、丹田に気が下がって、腰がストンっと据わり、フォームが安定しました。あちらこちらに飛んでいたボールが、気持ちよく前に伸び、ロングパッドがズバズバ入るようになりました。

　ゴルフはメンタルがとても影響するスポーツです。一度失敗すると引きずってしまうことも。でも、丹田に意識を落とすことで、プレッシャーや緊張などに動じなくなりました。

　今でもゴルフをする日は朝、コアチューニングをして、眼筋トレーニングや高速パラパラをしてからコースに出るようにしています。

Chapter 2

速読とはどんなもの?

2-1 速読とは?

どのように文字を読んでいますか?

　パラパラと本をめくる姿を見ると、本当に読んでいるの? 飛ばし読みじゃない? なんて思う人もいるでしょう。で**も、速読は要点だけを押さえているわけではなく、書かれている文字のすべてを、ただ本当に速く読んでいるだけなのです。**

　本を読むのが遅いと思っている方は、普段どのように文字を読んでいますか? 頭の中で声は出さずに音読をしている方が多いのでは。それは黙読と言い、どんなに早く目で追っても、時間がかかるのは当然です。

　でも、そんなに速く読んだら、内容が理解できないのでは? といった疑問が多くでるのではないでしょうか。逆に一文字、一文字、しっかり声に出して読んだところで、内容が理解できているかといったら、そうでもないのです。

　目で文字を追う速さと、理解できるかできないかは、別の問題なのです。

黙読ではなく視読

普段文字を読むとき、私たちはすべて黙読しているわけではありません。「ライオン」の文字を見ると、パッとライオンの姿が浮かぶでしょう。地名や人名、標語など短い言葉は、パッと見ただけで、深く考えずに理解できます。それは、短い言葉は、脳の中にある情報が引き出しやすいからです。それが長い文章になると……、音読モードのスイッチが入ってしまうのです。

速読は短い言葉を見て、パッとそのものがわかるように、文章を見ただけで意味が理解できる「視読」をします。一瞬で見えて理解できる言葉の長さが長い、視野が広いほど、速く読めるというわけです。

2-2

速読で得られる効果

本をたくさん読めるようになる

　日本人の一般的な読書スピードは1分間で500〜700文字だと言われています。**速読ができるようになると、1分間で1000〜3500文字が読めるようになります**。本を読むスピードが断然アップするでしょう。読書の楽しみが増えるうえに、たくさんの知識を身に付けることができます。もちろん速く文章が読めるということは、勉強や仕事の効率を上げます。でも、速読の効果は、ただ文章が速く読めるようになる、読書量が増えるということだけではありません。

目と脳が活性化すると…

　速読を身に付けるには、目と脳を鍛える必要があります。できるだけ多くの情報を目で素早く捉えるために、より正確に物を見たり、視野を広げたり、目を使いこなす訓練が

必要です。また、目で捉えたものをすぐに認識するには、脳を活性化させて鍛えなければなりません。速読の訓練で目や耳から刺激を受けることによって、**脳は物を認識する速度を上げ、必要な情報を素早く引き出せるようになり、勘を働かせることもできるようになります**。また、右脳と左脳のどちらも使うので、感受性や創造性がよくなったり、コミュニケーション能力が上がったりすることも。

目と脳が鍛えられるということは、運動能力がアップするのはもちろん、勉強や仕事、家事、人間関係、あらゆることに効果が現れます。

速読の効果

1.読書スピードがアップ

本をたくさん読むことで、どんどん知識が身につく。

2.勉強や仕事の効率がアップ

脳が活性化して、複数の作業を同時にこなせるようになる。

3.コミュニケーション力がアップ

情報処理能力が上がることで、相手の気持ちをイメージできる。

4.運動能力がアップ

目と脳を鍛えることで、視野が広がり瞬時に判断する能力がつく。

2-3
速読トレーニング 4つのポイント

目の動きをよくする

　一番のポイントは、速く文字が見られるようになることです。それには、**目のまわりの筋肉を鍛えて、目の動きをよくすること**。目が柔軟に動けば、文字を追うスピードがアップします。

　2番目のポイントは、**一瞬で見れる範囲を広げることです**。「サッカー」の文字ならほとんどの人が、ひと目見てすぐに理解できるはずです。同じように、長い文章でもひと目で理解できるように訓練します。それには、視野を広げて見ようと意識を働かせることです。

スピードに脳を対応させる

　3番目は、脳から素早く情報を引き出す訓練です。でもそれは、訓練というより、**見るスピードに脳を慣れさせる**

ことです。脳は与えられた刺激に順応する性質があります。速く文字を追えるようになると、脳は自然と処理速度を上げていきます。脳を活性化させて、高速処理の回路を整えましょう。

最後のポイントは、**勘を働かせることです。五感を働かせて感覚で理解できるようにしていきます**。自分の知っていること同士を関連付けて複合的にイメージし、理解を深めていくのです。

速読では、この4つのポイントを体に叩き込むことで、総合的に「速読力」を上げていきます。

「速読トレーニング」4つのポイント

1.見る速度を上げる

目のまわりの筋肉を鍛えて、文字を捉える速度を上げていく。

2.視野を広げる

長い文章でもひと目で理解できるように、見える範囲を広げていく。

3.照合スピードを上げる

目から入ってくる情報とすでに知っている情報を、頭の中で素早く結びつける。

4.勘を働かせる

見た瞬間に「推測する」ことで理解できるようにする。

2-4 速読トレーニング「目」のポイント

見る速度を上げる

　近頃はスマホやパソコンを見ることが多く、遠くを見ることがないうえに、画面をスクロールして見やすいように操作するため、視線を動かすことが少なくなってきています。視線が捉える位置が一定でいると、目の筋肉は凝り固まってしまいます。目は筋肉で支えられているため、動かさないと衰える一方。速読では、**目のストレッチを取り入れ、眼球まわりの血行を促します。速く目を動かせるようになるうえに、目の健康や機能を維持させることに役立ちます。**

　また、目を速く動かすことは、速読上級者向けの読書術にはなりますが、「スキャンニング」という技術で必要になります。「スキャンニング」は、多くの資料から必要な情報だけを探したいとき、キーワードを拾い、必要な情報だけを読み込むテクニックです。目を速く動かし、見る速度を上げれば、そんな応用技術も身につくのです。さらに左右

の目から脳は情報を得ますが、それぞれの目に映る画像にはズレがあるものです。しかも両目をきちんと使いこなせていなかったり、ピント合わせ機能が正確に働いていない人もいます。眼球トレーニングによって、両目をバランスよく使いこなし、機能も整えることができるでしょう。

視野を広げる

　人は見たいと思うものや注意を向けているものに、無意識に照準を合わせているものです。そのため、「鹿を追うものは山を見ず」なんてことになりかねません。
　速読では、見ることに意識して、視野を広げる訓練をします。できるだけ多くの文字を浮き上がらせるように見るのです。すると、「山を見ながら、鹿を追う」になり、たくさんの情報を得ながら、鹿が追えるのです。
　ひとつの単語から文、行へと、ひと目で見る幅を広げていきます。少しずつ読み進めるより、全体の流れがつかみやすいので、読みやすくもなるでしょう。
　視野を広げると同時に、速く読もうと、スピードを意識することも大切です。**1日1冊読み切ろう、毎朝15分本を読むなど、時間を意識しながら読むと、漠然と読むのとでは力の付き方が違います**。期限があると、集中して取り込むことができ、速読力が早く上がるでしょう。

2-5
速読トレーニング「脳」のポイント

照合スピードを上げる

　読む力をつけるためには、速くしっかり理解できる力をつけることが大事。ものを理解するには、**目から入ってくる「視覚情報」と頭の中の引き出しにある「言葉情報」を結びつけることでできます。その照合が、瞬時に行えることが理想的です。**

「視覚情報」は、目を鍛えることで速く大量に得ることができます。「言葉情報」を引き出すには、元になる情報がなければいけません。日常生活の中で、常にアンテナを張って、興味のあることや役立ちそうな情報を得ようとすることが大切です。

　さらに、2つの情報を素早く照合させるには、脳に新鮮な刺激を与えて、衰えさせないことが大事です。また、本を読むときは、止まったり、戻ったりすることを減らすようにしましょう。常に早い速度で読み進めて、そのスピードに脳を慣れさせるためです。

勘を働かせる

　速読のスピードを上げるためには、ときには勘を使った自動化が必要になってきます。道を確認しなくても自宅へ歩いて帰れるのと同じく、考えるより体が先に動く感覚です。視覚や聴覚、全ての感覚を使って、対処するのです。

　文字の意味を一つひとつ考えるより、感覚的に捉えれば瞬時に理解できます。「みかん」の文字を目にしたら、鮮やかなオレンジ色と甘酸っぱさが脳裏に浮かぶはず。日頃から、言葉を五感でイメージするクセをつけると直感力が高まってきます。すると、脳以外のところに記憶された情報を引き出すことができるようになります。それが勘を働かせるということになるのです。

　その勘を働かせる感覚を磨くには、読まないことに挑戦しましょう。**スピードを上げて文字を追っていくと、脳はそれに合わせようとフル回転します。**そして、引き出しやすい、すぐに理解しやすい記憶を使うようになるのです。まずは意味を理解するためでなく、文字を速く眺める練習を繰り返しましょう。

　また、同時に３つ以上の刺激を脳へ与えて、負荷をかけることも必要です。脳は負荷をかければかけるほど、活性化していきます。普段使わない脳を使うことにより、脳の機能力アップにつながります。目だけでなく、音楽や音声を流したり、人と話しながら本を眺める訓練をしましょう。

2-6

右脳と左脳の違いって？

芸術脳と言語脳をバランスよく使う

　速読は脳を活性化させることがよく分かったと思いますが、脳は右脳と左脳に分かれており、働きが異なることをご存知ですか？　**左半身を司る右脳は「芸術脳」と呼ばれ、感受性や創造性を担い、無意識や直感、空間把握能力があるといわれています。右半身を司る左脳は「言語脳」と呼ばれ、理性や論理的な思考が働き、言葉を使ってコミュニケーションを取るのが得意です。**

　読書は言葉を理解するため、左脳を使うと言われていますが、右脳と左脳は連携して働くため、どちらかを多く使うということはあっても、どちらか一方だけが働くことはありません。右脳が顔を見て人を思い出しても、左脳が名前を引き出せなければ困ります。**右脳と左脳をバランス良く働かせるほど、情報処理速度はアップします。**文章を見て右脳がスピーディーにイメージし、左脳で論理的に丁寧に理解させるのです。

速読はより両方の脳を活性化させます。右脳を刺激することで、ちょっとしたひと言やしぐさで相手の気持ちが推測できたり、自分と相手との境界線を曖昧にするので、人間関係をスムーズにさせます。速読でコミュニケーション能力が上がるのは、そのためです。また左脳と右脳の働きで、覚えにくいものをイメージと結びつけることで、記憶力を高めることも。

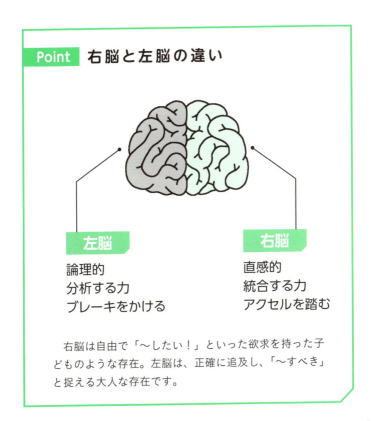

Point 右脳と左脳の違い

左脳
論理的
分析する力
ブレーキをかける

右脳
直感的
統合する力
アクセルを踏む

右脳は自由で「～したい！」といった欲求を持った子どものような存在。左脳は、正確に追及し、「～すべき」と捉える大人な存在です。

2-7
速読が脳内ホルモンの分泌を促す

幸せホルモン「セロトニン」とは?

　人は体の中に自分を癒やす天然の薬を持っています。4大脳内ホルモンと言われているセロトニンもそのひとつ。リラックスさせ、幸福な気持ちにさせるホルモンです。現代人はセロトニンの分泌が少ないと言われています。**セロトニンは、単調な動きを繰り返したり、人と和気あいあいと会話をする、9秒以上息を吐くと分泌されます。速読のトレーニングには、それらの脳内ホルモンの分泌を促す働きがあるのです。**目を繰り返し動かしたり、パラパラと本をめくる、人と会話をしながら文字を追う、そして、呼吸法があります。また、みんなで楽しくトレーニングをするので、ワクワク＆ドキドキさせるドーパミンや人と触れ合ったり会話することで分泌されるオキシトシンの分泌も期待できます。「速読をするとリラックスして、試合に臨めた」「チームのコミュニケーション能力が上がった」との声がたくさん上がるのでしょう。

Point 脳内ホルモンの種類

ドーパミン ▶▶▶ 瞬発力 ワクワク

やる気を出したり、集中力をアップさせたり、生産性を高める時に必要なホルモン。楽しい気分でいる時に多く分泌される。

アドレナリン ▶▶▶ リスクヘッジ

恐怖や不安を感じると"交感神経系"が優位になり、副腎から放出される。交感神経が興奮した状態を引き起こし、「動物が敵から身を守る」状態をもたらす。

オキシトシン ▶▶▶ 育み力、愛情

人との会話やペットとの触れ合いでも分泌されると言われるホルモン。他者への信頼の気持ちが増して、人と関わりたいという気持ちが高まる。

セロトニン ▶▶▶ 幸福力 リラックス

愛を感じた時に幸せな気持ちにさせるホルモン。セロトニンを増やすことで、心のバランスが整えられ精神的な安定が得られる。

　文章を目で追いながら、速聴を聞き、人と会話をする速読のトレーニングでは、ホルモンの分泌が盛んになります。

2-8
倍速音声を聞きながらトレーニングする

脳に負荷をかけて鍛える

　脳は使わないでいるとせっかく持っている優れた力を目覚めさせないまま、年齢とともに衰えさせてしまいます。思考のスピードがダウンし、記憶力は悪くなり、やる気まで失うことに。逆に脳は使えば使うほど鍛えられ、眠っていた能力まで目覚めさせることができるのです。それには、「負荷をかける」ことが大切。普段私たちは、たくさん脳を働かせているようで、実際には本来持っているすべての力を出し切っているわけではありません。**普段使っていない脳を使うことが大切なのです。**

3つ以上のことを同時に行う

　「楽読」のトレーニングで右脳を働かせると、なかには頭が温かくなるのを感じたという方がいます。それは、普段

より脳を使うことで、脳の血液量がアップし、活性化するからです。「楽読」では、本の文字を眺めながら、英語の倍速音声を流し、人と会話を楽しみながら、さらにインストラクターの話に反応して手を上げたり、振ったりして体を動かすといったトレーニングを行います。**目、耳、体といった、同時に３つ以上を働かせることが脳に最も負荷を与え、活性化させるのです**。英語の倍速音声は、聞き取れないほどの速さで流し、本も眺めるだけで理解できていなくても大丈夫です。たくさんの情報を発信している環境内にいるだけで、脳は勝手に情報を得ようと働きます。それを繰り返し行うことで、脳は発達し、情報をキャッチすることができるようになるのです。

　実際スポーツでは、自分のプレイに集中しながらも、それと同時にまわりの状態も気にかけ、その場を全体的に捉える力が必要になります。たとえばサッカーなら、ボールをゴールへ向かって運びながら、仲間や対戦相手の位置や動きを把握し、次の動作を瞬時に決定しなければいけません。ゴールキーパーなら、向かってくる真正面の選手だけでなく、視野の端にいる選手の動きにも対応しなければなりません。**脳を活性化することで、その空間全体に意識を集中できるようになり**、スポーツのパフォーマンスを上げることができるのです。

　自宅でこのトレーニングをするには、家族が集まるリビングでテレビや音楽をかけて、家族と話をしたり、しりとり遊びをしながら読書をするといいでしょう。

2-9
コアチューニングで脳や体もリラックス

コアチューニングで体をゆるめる

　元格闘家の須田達史さんが考案した「コアチューニング」。**体の中心にある体幹（コア）のブレを整えることで、内臓機能を活性化させて、体が本来持っている機能を高めるメソッドです**。弦をチューニングすると楽器がいい音色を奏でるように、体の弦にあたる神経回路をつないで調律します。神経回路は体の中心にあり、大切な臓器が集まっているお腹から全身につながっています。体の調子が悪いと、お腹が硬くなり、腹圧の状態が悪いと神経回路がうまくつながらず、体のコントロールが効きません。呼吸法を取り入れた「コアチューニング」を行うと、お腹の筋肉をゆるめることができ、神経回路をつなぎ合わせます。

　このメソッドを速読トレーニングに組み合わせると、体の各機能の働きが高まり、もちろん脳も活性化され、速読力がアップします。気持ちをリラックスさせるので、セロトニンの分泌を促し、心地よく読書が楽しめることも。

コアチューニングで運動能力がアップ！

　コアチューニングをすると、お腹や体、脳までゆるめることができます。**軽い脱力感になり、無駄な力がとれるので、重心が下がり、野球のバッティングやゴルフのスイングなどがよくなります。**そのうえ、深い呼吸ができるので、リラックスしてプレーすることも。速読にはもともと脳をリラックスさせる働きがありますが、コアチューニングを組み合わせることで、より気持ちが落ち着きます。どんな状況でも慌てることなくプレーすることができるようになります。緊張やプレッシャーでいっぱいになるバスケのフリースローやサッカーのPKなどでも落ち着いてプレーができ、本来の力が発揮できるでしょう。

コアチューニングをすることで体幹のブレが整い、深い呼吸により自然にリラックスすることができる。

Column

受講生の声②

パワーリフティングの場合

緊張とリラックス
両方の感覚が研ぎ澄まされる

比嘉善浩さん

「楽読」のレッスンでは、緊張とリラックスを繰り返します。緊張が極まった状態で呼吸法を取り入れることで、ストンっとストレスから解放されて、最高のリラックス状態になるのです。肉体的、精神的に研ぎ澄まされ、普段では感じることのない不思議な感覚になりました。それはどこか、プラス思考とリラックス両方のメンタルを必要とするパワーリフティング競技の心理状態にも似ているものがあると感じました。

　また、日常や競技で感じることの多いストレスや不安、怖さが消えて、自分自身を邪魔するマイナス要素が無い心地よい心理状態を作ることもできたのです。
日常の生活はもちろん、仕事や競技などいろいろな面でレッスンの効果が活用できるものだと思います。

　パワーリフティング競技も目に見えて記録が数値化される競技なので、明確な目標達成を目指す「楽読」のトレーニングとの共通点を感じています。

Chapter 3

さあ、
速読トレーニングを
はじめよう

3-1 速読トレーニング 基本の流れ

効率よく能力アップを目指す

　速読のトレーニングはただやみくもにやらず、効果がすぐに確認できるように、トレーニングのたびにしっかり計測しましょう。基本のトレーニングの流れは、まずは、速読に必要な目を鍛えることからスタート。**眼筋を鍛えて、スムーズに目が動き、素早く文字を追えるようにします。**さらに、体を整えることで、脳を活性化させます。

　速読に必要な体の基礎作りができたら、視点を変えて文字を「読む」から「見る」に変える訓練を始めます。ただひたすら、文字を記号のように眺めることで、音読するように黙読する習慣を消すのです。そして、**トレーニングの合間には、ストレッチをしてリフレッシュ**。息抜きをすることで、その後のトレーニングの効率を上げ、効果を最大に引き出すことができます。

　最後は、仕上げのテストを行い、効果を実感しましょう。その繰り返しで、速読力はアップします。

速読トレーニングの流れ

1 分間計測
1分間の読書スピードを測定。現在の読力を把握して、訓練後にどれだけ力がアップしたかを比べます。

2 眼筋トレーニング
目のまわりの筋肉を鍛える訓練。眼球を素早く動かせるようになり、文字を速く追えるようになります。

3 コアチューニング
呼吸法を取り入れて体幹（コア）を整えることで、体と脳が活性化されます。脳の働きがよくなれば、速読力もアップ。

4 文字を眺める
会話をしたり倍速音声を聞きながら文字を眺めます。2つ以上の動作を同時にすることで脳に刺激を与えます。

5 ストレッチ
筋肉を伸ばして、柔軟性を高め、体の状態を整えます。リラックスすることで速読力もアップ。

6 速く眺める
1秒でも速く見れるようになるトレーニング。速く読むために、スピードに慣れましょう。

7 効果を測定する
分間計測を行い、トレーニング効果を実感しましょう。成果は自信へとつながり、より効果がアップします。

3-2 速読トレーニングの準備

用意するものはたった2つ

さっそくトレーニングを始めましょう。**用意するものは、ストップウォッチと本だけです**。ストップウォッチがなければ、キッチンタイマーや携帯電話のカウントダウン機能を使ってもいいでしょう。

トレーニングを始めるにあたって、なにより大切なのは、気持ちです。「自分も速読ができるようになる！」そう思って訓練を始めましょう。速読をしている人の本のページをめくる速さを見ると、自分にはできないと思ってしまいがち。でも、子どもでもできる簡単なトレーニングで、誰でもできるようになってしまうものなのです。「自分には無理だろう」そんなブレーキは、必ず外してから臨みましょう。緊張しなくても大丈夫。気持ちをゆったりさせて、リラックスして始めてください。

そして、トレーニングをしたら、小さな変化を見逃さないようにしましょう。

用意するもの

ストップウォッチ

読書スピードを測るためのストップウォッチ。キッチンタイマーやカウントダウン機能のある携帯電話でもOKです。時間を計ってくれる方がいれば、普通の時計でもかまいません。

本

「高速パラパラ」（P.72）で使用します。やわらかい背表紙で200〜300ページくらいの本。活字が大きい低学年向けの児童書が理想的です。弾力があり、よくしなる作りの本がいいでしょう。

3-3 トレーニング① 「分間計測」

自分の読書スピードをチェック

　自分の読書スピードを「遅い」、「速い」と感じている人はいるかと思いますが、それを数字で確認したことはありますか？　1ページを何秒で読めるかまで知っている人は少ないはず。**日本人の読書スピードは1分間に500〜700文字だと言われています**。この速さは実は、話をするときの速さなのです。早口の人ほど読書スピードが速いと言われているのは、音読をするように黙読をして本を読む人が多いからでしょう。でもどんなに早口で読んでもスピードに限界があります。

　私たちは、小・中学校で、音読を教わりました。みんなが聞き取りやすいように、一語一語はっきりと声を出して読みます。子どもの頃から培われてきたこの習慣が、大人になっても残っている人が多く、「読む」ときに頭の中で声を出しながら読んでいるのです。それが「速く読む」ことを邪魔しているのです。

まずは速読の訓練を始める前に、**現在の読書スピードがどのくらいなのかを測ってみましょう**。今後トレーニングをして、どれだけ速く読めるようになったか比較することができ、トレーニング効果を実感できます。効果が実感できれば、励みにもなり、大きな自信へとつながるでしょう。毎回トレーニングの初めに分間計測をして、数値を記録してください。

では、タイマーを用意して、次のページにある例文を普段通りに読んでみましょう。

分間計測のやり方

1 タイマーを用意して、次ページの例文を開きます。
深く深呼吸をして、リラックスしましょう。

2 タイマーを15秒にセットし、スタートさせて
普段通りに読みます。

3 タイマーが鳴ったら、
読み終わったところにチェックを入れます。

4 次のページに進み、1分間で
何文字読めたか計算をします。

トレーニング① 「分間計測」をやってみよう

1分間の読書スピードを計測する

例文　　　　　　　　　　　　　　　　　　　　　　　　　　文字数

情報化社会の中で、余りの情報の量に圧倒されることは　24
特に珍しいことではありません。仕事でも、プライベー　47
トでも、文字を読みます。ビジネス書、新聞、雑誌、メ　67
ール、参考書、小説など考えてみると、大量の情報が周　89
りにはあります。　96
情報がありすぎることにより眼だけで字を追って、心は　120
遥か遠くの方……気がつくと、また何度も読み返す。　141
本を読む目的も変わってきて、楽しいはずの読書が、読　164
み切る満足感や達成感にすり替わってしまう。　184
途中の本を置き、新しい本を手に取り、結果お家に本が　207
積み上げられる。このような経験はないでしょうか？　229
この情報化社会を、あなたは小学校で習った読み方のま　253
ま切り抜けようとしていませんか？　268
速読で情報処理能力を上げて、毎日の生活にゆとりを感　292
じてください。　298
仕事上では、必要な情報を効率良く把握でき効果的な決　322
断をタイミングよく下す事ができます。　339
余裕を持って仕事が始められます。　354
余裕は自信に繋がって、行動力を生みます。　372
新しいことにチャレンジし、セミナー受講、資格取得、　394

- 15秒間で読めたところにチェックを入れる
- 普段通りの読み方で行う
- 慌てずリラックス!

学位取得……自分の好奇心の探究できる時間が持てるようになります。 417 423

小説や雑誌、娯楽のための読書等、時間に縛られるのではなく楽しむ余裕を生み自分の好きなことにあてる時間も増えてきます。 446 471 478

ただし、速読は万能薬ではありません。今現在、ゆっくり読んでも分らない本をパラパラめくって読めるようになることはありません。 500 525 535

当たり前の話ですが、新しい知識が増える訳ではないのです。本をたくさん読む事により新しい知識が増えるのです。 559 583 585

上記の効能を考慮すると、速読というものは情報処理のツールという位置付けになります。 609 624

読書に関して言えば、速読というツールを使いたくさん本を読むこと楽しんで読むこと、様々なジャンルの本に挑戦することを自然な行為に変えていける様になります。そうすることで新しい知識を得、知る喜びを感じ、自分の可能性を信じることが出来るという善い循環が起こります。一度速読を修得されてみればいかがでしょうか？あなたの可能性が広がっていくことになると思います。 648 672 697 720 745 768 792

トレーニング①　「分間計測」をやってみよう

1分間の読書スピードを計測する

■ 15秒間の計測で1分間の文字数を出す

　15秒間でどこまで読めましたか？　初めは緊張していつもより遅い、本当はもっと速く読めるだろうと感じた人もいるはず。これから毎回トレーニングのたびに計測をしてから始めてください。そして訓練の効果を確かな数字で表し実感しましょう。

　例文の右端にある数字が文字数です。行の終わりまで読めた方は、右端にある数字が15秒間に読めた文字数です。行の途中でストップした方は、そのひとつ上の行の右端にある数字に、読み終わった文字数を足した数が15秒間に読めた文字数です。さらにその15秒間に読めた文字数に4をかけると1分間で読めた文字数が出せます。1分間で読めた文字数を毎回記録しておきましょう。

　初めのうちはたとえ500文字以下だったとしても大丈夫です。あきらめないでください。少しトレーニングをするだけで、誰でも速く読めるようになります。

計算方法

15秒で読めた文字数 × 4
= 1分間で読めた文字数

記録記入欄

1回目 15秒で読めた文字数 [ ] × 4 = 1分間で読めた文字数 [ ]

2回目 15秒で読めた文字数 [ ] × 4 = 1分間で読めた文字数 [ ]

3回目 15秒で読めた文字数 [ ] × 4 = 1分間で読めた文字数 [ ]

4回目 15秒で読めた文字数 [ ] × 4 = 1分間で読めた文字数 [ ]

5回目 15秒で読めた文字数 [ ] × 4 = 1分間で読めた文字数 [ ]

3-4 トレーニング②「眼筋トレーニング」

まずは目の働きを知ろう!

　眼球は外眼筋と呼ばれる6つの筋肉に支えられ、上下左右動かすことができます。外眼筋には4本の直筋と2本の斜筋があり、これらがバランスをとりながら作用します。眼球を上下に動かすには、**眼球を上下で支える「上直筋」と「下直筋」、眼球を左右に動かすには、眼球の内側と外側で支える「内直筋」と「外直筋」**が働きます。そして、斜筋には**「上斜筋」と「下斜筋」**があり、滑車のような役割をし、斜めに動いたり、回転をさせる働きがあります。複雑に動く6つの筋肉によって、目の向きを自由に変えて物を捉えることができるのです。

　最近は長時間パソコンや手元を見続けることが多く、目を動かすことが少ないため、眼球の動きが悪くなっている人が多いようです。滑らかに眼球が動かないと、ボールの動きを動線で捉えることができず、点として見ることに。もちろん、視線を固定してばかりいると、筋肉のコリが発生

してきます。目の疲れや肩こり、頭痛を招くことにも。眼球を左右上下動かし、遠近視線を変えることは、血行を促し、筋肉のコリをほぐすストレッチにもなります。

ピントの調整をする内眼筋

　目には眼球のまわりにある外眼筋のほかに、眼球の中にある内眼筋があります。瞳孔を開閉して取り込む光の量を調整する**「虹彩筋」**と水晶体の厚さを変えてピント調整をする**「毛様体筋」**があります。遠くを見るときは、「毛様体筋」がゆるみ水晶体は薄くなり、近くを見るときは「毛様体筋」が緊張をした状態で水晶体を膨らませます。近くを見続ければ、「毛様体筋」は緊張したままになり、筋肉疲労を起こします。内眼筋はコリ固まりやすいので、目を休ませたり、遠くを見るようにしましょう。

　速読トレーニングでは、外眼筋と内眼筋を鍛えます。速く読めて、スポーツ能力も向上するうえに、目の健康も守るのです。

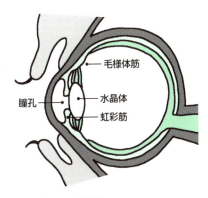

眼球の中にある内眼筋

トレーニング② 「眼筋トレーニング」をやってみよう

その1　左右のトレーニング

■ 内直筋と外直筋を鍛える

　6つの外眼筋のなかで、**眼球の左右にある「内直筋」と「外直筋」を鍛えるトレーニング**です。眼球をめいっぱい左右に動かしましょう。慣れてくると、動きがスムーズになります。ただし、**注意点があります。ひとつめは無理をしないこと。ふたつめは瞬きするのを忘れないこと。最後はやり過ぎないことです。**力を入れず、リラックスした状態で行い、トレーニングが完了したら、目を閉じてしばらく目を休ませましょう。

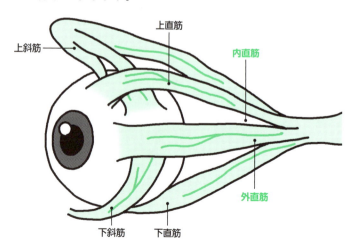

左右のトレーニングのやり方

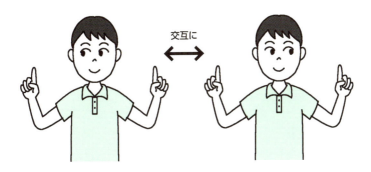

1	両手を肩の高さまで上げます。
2	顔は正面を向き、両手の人差し指を立てて視野のギリギリに入る位置におきます。
3	顔は動かさずに、右手の人差し指を見て5〜10秒そのままキープ。目の筋肉を伸ばし、気持ちいいと感じながら行いましょう。
4	左も同じように行います。左手の人差し指を見て、5〜10秒キープ。
5	顔は動かさず、眼球だけを動かして左右の指を交互に見ます。できる限り速く行い、6秒間で何往復できるか数えましょう。
6	目をゆっくり閉じてしばらく休ませてください。

トレーニング② 「眼筋トレーニング」をやってみよう

その2　上下のトレーニング

■ 上直筋と下直筋を鍛える

　眼球の上下にある「上直筋」と「下直筋」を鍛えるトレーニングをします。普段、真上を見たり、真下を見るときは、自然と頭が動いてしまい、眼球だけを動かすことはあまりありません。そのため、筋肉が鍛えられていない人が多いものです。無理をせずに目を動かしましょう。

　ポイントは、口角を上げてニッコリ笑顔で行うことです。無表情で行うより、笑顔になれば楽しくトレーニングが行え、気持ちがいいものです。もうひとつは、深く呼吸をして、ゆったりとした気持ちで行ってください。リラックスすれば気持ちと一緒に筋肉もゆるみ、コリがほぐれるでしょう。

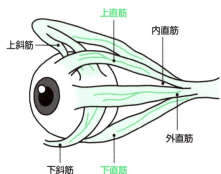

上下のトレーニングのやり方

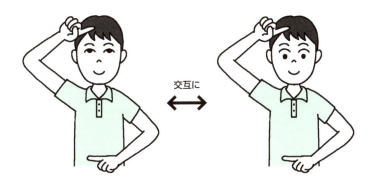

1. 右手をおでこの斜め上へ、左手をおへその前にもってきます。

2. 顔は正面を向いたまま、両手の人差し指を立てて視野のギリギリに入る位置にセットします。

3. 顔は動かさず、おでこの斜め上にある人差し指を見てそのまま5〜10秒キープ。筋肉を伸ばし、気持ち良さを感じながら行いましょう。

4. 顔は動かさず、3と同じようにおへその前にある人差し指を見ます。

5. 顔は動かさず、眼球だけを動かして上下の指を交互に見ます。できる限り速く行い、6秒間で何往復できるか数えましょう。

6. 目をゆっくり閉じてしばらく休ませてください。

トレーニング② 「眼筋トレーニング」をやってみよう

その3　遠近のトレーニング

■ 毛様体筋を鍛える

　目はカメラのレンズのような働きをしています。目の表面には角膜があり、瞳孔の後ろには水晶体があります。水晶体は凸レンズ状の透明体で、瞳孔から入った光を屈折させて、その後ろにある網膜に結像し、距離に合わせてピントを調整する働きがあります。**ピント調整を司るのが、毛様体筋。遠くを見るときは筋肉をゆるめ、近くを見るときは筋肉を緊張させて水晶体の厚みを変えます**。そのため、近くをじっと長時間見ていると調節過多になり、毛様体筋は筋肉疲労を起こすことに。長時間の作業では、1時間ごとに最低10分は目を休ませた方がいいと言われています。また、目の体操も効果的です。普段からちょっとした合間に行うといいでしょう。ここでは、遠くを見たり、近くを見たり、見る距離を変えるトレーニングを紹介します。日によって対象物の距離を変えて、変化をつけて行いましょう。

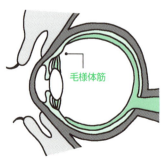
毛様体筋

遠近のトレーニングのやり方

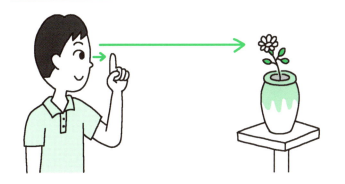

| 1 | 片手の人差し指を顔から15cm離したところに立てます。 |

| 2 | 遠くに目標物（見る対象）をセットします。 |

| 3 | 顔は正面を向いたまま、焦点を合わせて近くの指をしっかり見ます。ゆったりリラックスしたまま、5〜10秒キープします。 |

| 4 | 遠くの目標物を3と同じように見ます。 |

| 5 | 近くの指と遠くの目標物を交互に見ます。できる限り速く行い、6秒間で何往復できるか数えましょう。 |

| 6 | 目をゆっくり閉じてしばらく休ませてください。 |

3-5
トレーニング③「コアチューニング」

コアを整えて体の機能をアップ

「コアチューニング」は、体の中心にあり体の全機能をコントロールしているお腹（コア）を整えることで、脳や全身をよりよい状態にするものです。**コアとは、体の中心となる多くの内臓が集まった部分です**。そのコアが緊張状態で固くなっていると、血流が悪くなり、内臓にも負担がかかり、神経回路のつながりも悪くなります。中心がしっかりした木は元気で青々とした葉をつけるように、私たちもコアを整えましょう。

コアを整えるには、外側から見える筋肉ではなく、お腹の中にある腹腔（コアハウス）内にある筋肉、横隔膜や多裂筋、腹横筋、骨盤底筋群に働きかける必要があります。それには、単にお腹に力を入れただけでは、表面の筋肉に負荷がかかるだけです。目に見えない腹腔内にある筋肉に働きかけるには、お腹の中に空気を送り込みます。腹腔内にある筋肉を意識しながら、風船を膨らませるように空気を

たっぷり送り込むことです。すると腹圧がかかり、緊張状態で固くなっている筋肉をゆるめて、整えることができるのです。

コアを整えるとメリットがいっぱい

　コアを整えると、体幹軸が安定して姿勢がよくなります。すると内臓が本来あるべき位置に戻り、内臓の働きがよくなるばかりか、血流や神経経路も正常に機能するようになるのです。神経経路が整えば、伝達がスムーズに行われ、脳の働きがよくなり、素早く体を動かせるようにもなります。また、筋肉の緊張がほぐれるので、関節の可動域が大きくなり、リラックス効果も絶大。さらに**コアチューニングは、呼吸法がベースなので、深い呼吸により、体に酸素がたっぷり供給されて、体や脳が活性化されます。**疲労物質がたまりにくいので、スポーツ後、疲れにくくなったり、ケガの予防にもなります。ほかにも脂肪燃焼を促し、無理なくダイエットができるといった報告も。

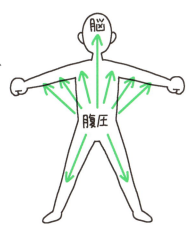

トレーニング③ 「コアチューニング」をやってみよう

腹圧調整

■ 固くなっているお腹をゆるめる体操

　疲れていたり、体の調子が悪いと呼吸が浅くなり、内臓が集まっているお腹まわりは、固くなることが多いと言われています。「コアチューニング」の腹圧調整で、緊張した筋肉をゆるめて整えましょう。

　深く空気を吸い込むことで、新鮮な酸素が体に取り込まれ、栄養が全身にいきわたりやすくなります。特に脳は、エネルギーの消費量が高いため、燃やすための酸素を多く必要としています。酸素が不足すると、眠気に襲われたり、さらに酸欠状態が続くと、立ちくらみや頭痛を引き起こすことに。呼吸は脳にダイレクトにつながります。**呼吸法を取り入れた「コアチューニング」なら、お腹はもちろん、脳の働きも整えるのです**。速読はもちろん、スポーツ能力を高めるのにうってつけの体操と言えるでしょう。

　仰向けに寝て、だらんと手足を伸ばし、体の緊張をほぐしてからスタートしてください。体をゆるめるような気持で、呼吸を意識し、リラックスして行いましょう。くれぐれも、気合を入れて、お腹を強く押し過ぎないように注意してください。

腹圧調整のやり方

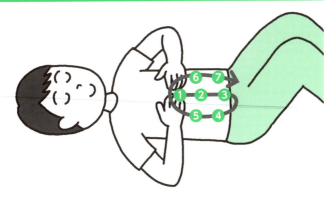

❶みぞおち ❷へそより3cmほど上
❸へそより10cmほど下 ❹右の腰骨の際あたり
❺右の肋骨の下 ❻左の肋骨の下 ❼左の腰骨の際あたり

1 仰向けに寝て、体の力を抜きます。
膝を90度に曲げて、肩幅に合わせて開いてください。

2 3秒かけて、鼻から息を吸い込みます。

3 10秒かけて口から息を吐き出しながら、
同時に両手の指先でイラスト①のポイントを押します。
痛くない程度にお腹を押しましょう。

4 3秒かけて鼻から息を吸いながら、
指を徐々に離します。イラスト❷〜❼のポイントも
同様に、2と3を繰り返しましょう。

3-6
トレーニング④「文字を眺める」

文字を読まずにただ眺める

　目や体を整えて、速読の基礎作りができたら、さっそく速読で必要な勘を磨いていきます。ここでは、文字を読まずに勘に頼る感覚を体感してください。

　文字を「見た瞬間にわかる」状態にするには、なにより頭の中で音読をしないこと！　読まないと理解できないというのは、単なる思い込みです。

　たとえば、「バ○ナ」とあったら、読まなくても「バナナ」が浮かんできたことでしょう。「東京国〇科学博〇館」。文字数が多くても一瞬で「東京国立科学博物館」が連想できた人もいるかもしれません。ひと目でわかる単語が文節になり、文章になっていけばいいのです。トレーニングをすれば、ひと目でより多くの言葉が理解できるようになっていきます。

　トレーニングでは、目を素早く動かし、音読する余裕のない速さで文字を追っていきます。すると脳はそれに合わ

せて働くようになり、引き出しやすい記憶を使い出します。まずは、意味は理解できなくていいので、絵を眺めるように、文字を眺めてみましょう。繰り返し見ているうちに、わかるようになってくるはずです。

その1
高速パラパラ

パラパラ漫画を見るように、本をパラパラとめくります。倍速音声を聞いたりおしゃべりしながら行うことで、脳を活性化させ、目と脳の処理スピードを上げます。

その2
逆さになった
文章を読む

音読の壁を越えられないでいると、どうしても文章を音読しがち。文字を絵として把握するために、逆さまになった文字を眺めるトレーニングをします。

トレーニング④　「文字を眺める」をやってみよう

その1　高速パラパラ

■ 同時並行処理で脳を活性化させる

　本をパラパラ……っとめくるトレーニングです。文字が認識できないほどのスピードで本をめくっていきます。もちろん、本の内容を理解しようとするものではありません。ただ文字を眺めるだけです。

　そしてパラパラめくるのと同時に、倍速音声を聞いたり、人と会話を楽しんだり、質問に答えたりします。そうすることで脳に負荷を与え、脳を活性化させるのです。目から耳から口から同時に脳に刺激を送ると、脳がいっぺんに情報を処理しようとして脳神経細胞が活発化します。3つ以上のことを同時に行うと、普段使わない脳が使われるようになるのです。さらには、左脳と右脳のバランスが整えられ両方の能力が使えるようになります。

　それでは、背表紙がやわらかく、200〜300ページくらいの本を用意しましょう。勢いよくページをめくったとき、弾力があり、よくしなる作りの本がいいでしょう。だれかとおしゃべりをしながら、または倍速音声を聞きながら行うことで脳に負担がかかり、同時並行処理の能力がアップします。

高速パラパラのやり方

1 本の背表紙の中央か、その下あたりを右手で持ちます。

2 左手の親指を閉じた本の小口にあて、
左手のほかの指で軽く本を支えてください。

3 左手の方に本をしならせて、親指の腹で小口をこすり、
素早く本をめくっていきます。
「パラパラ」というより、風を切るような
音が立つように勢いよくめくってください。

4 4、5分行います。
人と和気あいあいと話しながら行うといいでしょう。

トレーニング④ 「文字を眺める」をやってみよう

その2 逆さになった字を読む

例文

以根大な鮮麗、は昧美の樹大な女政の天。かた来出はここ
。あでのるき出来出ることがあるである。
しく新、が花の木 。あでのたっあが花の枝一にここ、たま
気向にこそれそ、はでのるあであるは方出さ出度今
すがれこ、しも、だた。いし美もてっあで出始く
手る名るかいい、はならあで花るよあでしてっかなれ菜に
りわ味に的放天は美の花、とるうよけ活に器るあるかいい、が
あでかいい、難久化は放天結配は人工人。いな来出はここ
。る

ま気染の映美、りあで然自は泉源の美、くだまこ以
こ、りあでることな単簡に常非はここちなす。るあに然自も
、だた。るあもくらぼれされかさ華筆例るす論を
にたのそ。いなか驟はに人鍛一がかるあでか柄事な単簡の
いなきっま、にこう言を理料、ずらかか関を益無
大、にひも付ちるり、り、けっきを味意余、してこ工艦小
。るす用濫を具然に理無、りよえ整を形し下せに
いおも在現、さたかた術技の画絵、さたかた術技の理料
がん理料、くなかけあ分に外に現に、かし。あでくら
を美の界然自のこに実、はのるりらけう、てし信賞って
。あるなほじくな

- 文字が反転されているので、右から左へ見る
- 読もうとせず、記号だと思って眺める

「知覚の美と芸術の美」北路大會山人　より

すべての物体は天が造る。天日の下練しきもうなしたものの意にはさぬ。人はただ自然より取り入れられたが、天の故なるものを、人の世にいかにして活かすか、活かされたけだ。しかし、それがたかなる容易な業ではない。多くの美を復活してこれを破壊し、天然の美を活かしたつもりで、これを穀してしまうまた不出来の天まえと言われる人が、わずかに自然界を直視し、天然の美を極み得るに過ぎないのだ。

だから、われわれがままにありのままに見る自然を見出せればよろしい。これなくしては、より芸術は出来ない。なまじつくより、よい書画も出来ぬ。総然しかり、その他の、一切の美、熟るるものといえる。

成りに取の負道楽者と言っても、ここに一本の大根があるとする。もし、その大根が仲から抜けて来たという新鮮さのであるならしに、これよりもうまいものはないとも言えまいか。美味い道いないのだ。もし、この大根が古いものであったなら、それはいかなる名料理人が心を盡くして料理するとも、大根の美味を完全に味わわせ

3-7
トレーニング⑤「ストレッチ」

トレーニングの合間にリフレッシュ

　効率よく、より効果的にトレーニングをするために、合間にストレッチをいれます。「楽読」では、「頑張り過ぎない」がモットー。トレーニングの合間に力を抜いてリラックスすることは、気持ちがいいだけではなく、しっかりメリットがあるのです。**脳を一度休ませることで、その後の学習能力を高めます**。また、長時間同じ姿勢でいると血流が悪くなり、体はもちろん、脳へ栄養や酸素が行き渡らなくなり、頭が働かず、ぼーっとしてしまうことに。ストレッチを行い、リフレッシュさせましょう。

　ストレッチは筋肉を伸ばし、柔軟性を高めて、体の状態を整えます。肩こりや腰痛を予防したり、リラックスさせる効果もあります。ゆったり体を動かし、気持ちよく筋肉を伸ばすと、α波が発生し、副交感神経が優位になります。副交感神経は気持ちを落ち着かせるうえに、体を修復する働きもあります。緊張を取り除く効果もあるので、スポー

ツ時には欠かせないものです。筋肉の緊張をほぐして、ケガを防止したり、疲労の回復を早めたり、いいこと尽くしです。

深呼吸することでクールダウン

ストレッチをする際、大切なのが呼吸です。体の動きに合わせて、ゆっくり深く息を吐き出し、吸い込むことで、血液中の酸素が増えて、末梢(まっしょう)まで活性化させます。リラックスするうえに、疲労回復を早め、意欲を増し、集中力を高めます。

また、鼻から息を吸い込むことで、鼻の奥や喉で空気の冷たさを感じ、体の余剰熱を取り除き、体や脳をクールダウンさせることもできます。鼻は脳のすぐ下にあるので、たっぷり新鮮な冷たい空気を入れれば、冷却ファンのように脳を冷やすのです。

トレーニング⑤　「ストレッチ」をやってみよう

キラキラ体操

■ 肩甲骨まわりをゆるめてリラックス

　キラキラ体操は、「コアチューニング」のエクササイズです。腹圧を意識しながら呼吸をし、**肩甲骨まわりの筋肉をほぐして、血行を促す体操です**。長時間同じ姿勢で作業をしていると、肩こりや腰痛を起こしがち。肩甲骨まわりは特に筋肉がコリ固まりやすく、コリを放置しておくと、肩こりや頭痛を引き起こします。肩甲骨が緩むと胸骨が開き呼吸が深くなります。呼吸が深いとプレーの最中も冷静な判断ができます。息抜きもかねて、キラキラ体操を行いましょう。

　トレーニングの途中でストレッチを行うわけは、体の緊張をほぐし、リラックスした状態で脳をフル回転させるためです。もちろん、息抜きはその後の学習能力を高めるので効率的なトレーニングと言えるでしょう。

　ラクな気持ちで体を動かしてください。体がポカポカして、やる気も湧いてきたはずです。

キラキラ体操のやり方

1. 両手の小指を合わせて顔の前に持ってきます。肘と肘も合わせましょう。

2. 3秒かけて鼻で息を吸いながら、両腕をそのまま上げていき、頭のてっぺんに来たら、伸びをするように手のひらを合せます。

3. 10秒かけて息を吐きながら、手のひらと腕全体を外、内、外、内……と、ひねりながら円を描くように下ろしていきます。肩甲骨を意識しながら、「キラ、キラ、キラ」と下ろしてください。

4. これを3セット行います。

3-8
トレーニング⑥「速く眺める」

もっとスピードアップを目指す!

　最後のトレーニングは文書を速く眺めることです。ここでの一番大切なポイントは「もっと速く読むぞ!」という気持ちです。「そんなに速く読めるはずがない」なんて、ブレーキをかけないでください。「できない」という思い込みを外して、速く読もうと意識を集中させれば誰もができるのです。どんなことでも「したい」「する」と考えれば、きっとできるでしょう。限界を超えて挑戦し続けてください。

　次のページにある例文をできるだけ速いスピードで見ましょう。コツはとにかく「速く見る!」ことです。1セット終わったら、次はもっと速く!　次はさらにもっと速く!と意識を強く持って取り組んでください。

　ちなみに、1分間あたりの読字数は、平均的な日本人で500〜700文字、東大、早慶レベルで1500〜2000文字、トップ層で5000文字以上と言われています。速く読める人ほど、「読む」ではなく「見る」のだそうです。

やり方

1 タイマーを6秒でセットし、次ページの例文を開きます。

2 タイマーをオンにしたら、できる限りの速さで例文を見ます。内容は理解しなくていいです。

3 タイマーが鳴ったら、見終わった字数を記録してください。

4 これを3セット行います。

■ **6秒で到達した文字数を記録しよう**

1回目

2回目

3回目

トレーニング⑥ 「速く眺める」をやってみよう

可能な限りの速さで見る

例文

情報化社会の中で、余りの情報の量に圧倒されることは特に珍しいことではありません。仕事でも、プライベートでも、文字を読みます。ビジネス書、新聞、雑誌、メール、参考書、小説など考えてみると、大量の情報が周りにはあります。

情報がありすぎることにより眼だけで字を追って、心は遥か遠くの方……気がつくと、また何度も読み返す。

本を読む目的も変わってきて、楽しいはずの読書が、読み切る満足感や達成感にすり替わってしまう。

途中の本を置き、新しい本を手に取り、結果お家に本が積み上げられる。このような経験はないでしょうか？

この情報化社会を、あなたは小学校で習った読み方のまま切り抜けようとしていませんか？

速読で情報処理能力を上げて、毎日の生活にゆとりを感じてください。

仕事上では、必要な情報を効率良く把握でき効果的な決断をタイミングよく下す事ができます。

余裕を持って仕事が始められます。

余裕は自信に繋がって、行動力を生みます。

新しいことにチャレンジし、セミナー受講、資格取得、

- 6秒間で読めたところにチェック ×3セット行う
- とにかく速く見ること！
- 内容は理解しなくていい

学位取得……自分の好奇心の探究できる時間が持てるようになります。

小説や雑誌、娯楽のための読書等、時間に縛られるのではなく楽しむ余裕を生み自分の好きなことにあてる時間も増えてきます。

ただし、速読は万能薬ではありません。今現在、ゆっくり読んでも分らない本をパラパラめくって読めるようになることはありません。

当たり前の話ですが、新しい知識が増える訳ではないのです。本をたくさん読む事により新しい知識が増えるのです。

上記の効能を考慮すると、速読というものは情報処理のツールという位置付けになります。

読書に関して言えば、速読というツールを使いたくさん本を読むこと楽しんで読むこと、様々なジャンルの本に挑戦することを自然な行為に変えていける様になります。そうすることで新しい知識を得、知る喜びを感じ、自分の可能性を信じることが出来るという善い循環が起こります。一度速読を修得されてみればいかがでしょうか？あなたの可能性が広がっていくことになると思います。

3-9
トレーニング⑦「効果を測定する」

トレーニング効果を確認する

　トレーニングの仕上げの測定をします。今までの成果を数字にしてしっかり確認しましょう。最後の測定は、この先してみたいこと、なりたい自分、楽しみにしているイベントなどをイメージして、明るい気持ちで行ってみてください。大好きなペットを思い浮かべてもいいでしょう。深呼吸をして気持ちが落ち着いたら、タイマーを15秒にセットして、リラックスして始めましょう。

　速く読もうとしなくていいです。今の自分の速さで読んでください。それでも、一番初めに行った測定時よりラクに読めるはずです。

　今回は１分間の文字数を出すとともに、トレーニング前と比較して何倍速く読めたかを出します。リラックスして測定を楽しみましょう。

最終計測のやり方

1 タイマーを15秒にセットし、次ページの例文を開きます。

2 落ち着いて普通の速さで読んでください。

3 タイマーが鳴ったら、読み終わった文字数を記入します。

トレーニング⑦ 「効果を測定する」をやってみよう

最終計測

例文

	文字数

速読とは、文字どおり本を速く読むことです。飛ばし読 23
みや斜め読みとは違って、内容の理解や記憶はこれまで 47
通りで読書スピードを加速していくことです。 67

もし、速読を身につければ、同じ時間でこれまでの数倍 90
の量の学習ができるようになります。 106

また仕事においても、とくに資料調査や企画書のまとめ 130
など文章を扱う場合、作業を上げることが可能になりま 154
す。 155

トレーニングによって脳の情報処理能力が向上すると、 179
読む対象が日本語、英語、さらに言葉に限らず、記号、 200
音符でも各個人にとって理解可能な情報であれば処理速 225
度は加速します。 232

わかるものであれば、すべてわかるようになります。 254

通常の読書は、一文字一文字を目で追っていく「なぞり 277
読み」であり、目の速度以上に読書速度は上がりません。 300

声を出していなくても、頭の中で音声化して読むため、 323
その速度には限界があります。 336

速読は文章をブロックごとに、あたかも風景でも「見る」 359
ように瞬間的に視野に入れ、並列的に次々と内容を「理 381
解」していく読み方です。反復訓練によって修得が可能 404

- **15秒間で読めたところにチェックを入れる**
- **普通の速さで読む**

です。けっして飛ばし読みではありません。

文章をしっかりと「理解」しながら速く読む「速読」を修得する上で、まずは「見る」能力をアップさせることが基本となります。

早く読むには、早く「見る」ができないといけないので、初期のトレーニングでは、早く「見る」ということに特化したことを行います。

情報の入力スピードをあげることは、ある程度簡単なトレーニングで可能です。

しかし、情報の量を増やすには、これまでの音読や黙読でおこなっていた一文字一文字を追っていく「なぞり読み」では限界があります。

したがって、新しい読み方を身に付けることが必要です。

速読では、文章をブロック（数文字から数行にわたる文字の固まり）で理解しながら読み進める読み方をおこないます。

これまでの「なぞり読み」に比べると、かなりの違いを感じるスピードで読み進めることができるので、同じ量の文章を読むのにかかる時間も、大幅に縮小することが可能です。

トレーニング⑦　「効果を測定する」をやってみよう

最終計測

■ 何倍速く読めるようになりましたか？

　今回読んだ文字数に4をかけて、1分間の文字数を出します。今回読んだ1分間の文字数を最初の測定で出した文字数で割ると、倍数が出せます。何倍アップしたでしょうか？

　文字数が増えた方はトレーニングによって、脳が活性化した証拠。文字が浮いて目に飛び込んできたのではないでしょうか？　読めた文字数に変化がなかった方は、「できない」と無意識にブレーキをかけてしまっていたのかもしれません。文字数に変化がなくても、文字がラクに見えるようになったり、初めの測定より15秒間が長く感じたりしませんでしたか？　ちょっとでも変化があれば、目は鍛えられ、脳は活性化されています。そんなちょっとした変化も見逃さないでください。

　速く読めた人もトレーニングを続けて、速読の読み方を定着させてください。ストレッチや目の体操は、ちょっとした合間などできるときに行うといいでしょう。速読の上達とともに、スポーツ能力もアップするはずです。速読を始めて、体が動きやすくなった、ボールが見やすくなったという変化を見逃さず、自信へとつなげてください。

計算方法

15秒で読めた文字数 × **4**
= **1分間**で読めた文字数

記録記入欄

今回読めた文字数 ÷ 最初の文字数 = 最初と比べて速くなった倍数

1回目　今回読めた文字数 [　　] ÷ 最初の文字数 [　　] = 最初と比べて速くなった倍数 [　　] 倍

2回目　今回読めた文字数 [　　] ÷ 最初の文字数 [　　] = 最初と比べて速くなった倍数 [　　] 倍

3回目　今回読めた文字数 [　　] ÷ 最初の文字数 [　　] = 最初と比べて速くなった倍数 [　　] 倍

4回目　今回読めた文字数 [　　] ÷ 最初の文字数 [　　] = 最初と比べて速くなった倍数 [　　] 倍

5回目　今回読めた文字数 [　　] ÷ 最初の文字数 [　　] = 最初と比べて速くなった倍数 [　　] 倍

Column

受講生の声③
さまざまなスポーツでの声

社交ダンス
　ダンスパートナーと一緒に速読トレーニングを行っています。間合いや呼吸がピタッと合って上位入賞は当然のこと。優勝もしちゃいました！
（関西天王寺スクール）

バレエ
　どんなに練習を重ねても難しい表現力に厚みが出てきました！　感性が高まり、感情を解放することができるようになったからです。
（池袋スクール）

フットサル
　視野が広がり、落ち着いてプレーができるようになりました。トラップやドリブルなど個人の技術が上がり、チーム全体の質が上がりました。なにより楽しいです！（大宮スクール）

空手
　相手の技を読み取る「見切り」が自然にできて、うまくかわせたことに自分でも驚いています。「楽読」で感覚が研ぎ澄まされたみたいです。
（北海道大通りスクール）

バドミントン
　難しい羽を拾えたり、相手のラインギリギリの場所に打てるようになりました。おかげで全国大会に出場することができました！
（九州大分スクール）

Chapter 4

さまざまな
スポーツでの効果

4-1 野球の場合

速球への対応力が打席での余裕を生み打率アップを実現

福岡市・沖学園高等学校　野球部

2018年夏、県内の強豪校を立て続けに破り、春夏通じて甲子園初出場を果たした沖学園。南福岡大会の期間中に取り入れた速読トレーニングの効果がすぐにバッティングに現れました。

1度のトレーニングで見え過ぎるほど見えた！

　打率を上げるため、南福岡大会の3回戦前日から専門家の指導のもと、速読のトレーニングを始めた沖学園野球部。トレーニング内容は楽読で行われている基本のもので、眼筋トレーニングや高速パラパラ、コアチューニングなどです。始めてたった1回のトレーニングで、見え方がはっきり変わったメンバーたち。いつもと視界が変わり、選手たちみんなが実感して喜んでいたが、いざ打席に入ると……。
「ボールはしっかり見えているのにタイミングが合わない！」
　速い球がスローに見えるのに、バットを振っても思うように当たらなくなってしまいました。目の動きがよくなり

過ぎて、目と脳の伝達にズレが生じてしまったのです。ボールは見えているのに距離感がつかめず、バットに当たらなくなってしまったとか。しかもそれは、3回戦の試合前日のことでした。

ここまできたらやるしかない！

　打率を上げるために取り入れた速読のトレーニングによって、逆に打てなくなってしまいました。迷いや不安、試合前で焦りがあったものの、「ここまできたらやるしかない！」。速読の効果に手ごたえを感じていた鬼塚佳幸監督は、試合当日もウォーミングアップ前に、選手たちに速読のトレーニングをさせました。

　すると、速読トレーニング2回目にして選手たちは、バットを振るタイミングをつかみ、見違えるほど速球をバンバン打ち出したのです。

試合前に速読トレーニングを行う選手。本をパラパラとめくり文字だけを追い続ける。そうすることで脳が活性化し、思考のスピードが上がる。他のトレーニングと合わせて毎回30分ほど行う。

飛んでくるボールが止まって見える！

　南福岡大会3回戦は11安打、4回戦は15安打、準々決勝は10安打、準決勝では16安打と、4試合連続2桁安打を記録しました。選手たちは三振が減り、「速いはずの球がゆっくりに感じてよく見えた」、「ボールの縫い目までわかった」、「変化球の見極めができるようになった」。なかには「ボールが止まって見えた！」とまで言う選手もいました。投手の手からボールが離れた瞬間に軌道が読めるから、余裕を持ってバットを構えることができたと言います。そのため、自分の力を最大に出し切れたという選手もいました。

視野が広がり守備力も強化

　目がしっかり見えるようになると、守備においても変化が見られました。ボールがバットに当たった瞬間の反応がよくなりボールの行き先が読めるようになったのです。すぐに動き出せるので、余裕を持って捕りに行くことができます。ミスが減り、今まで捕りにくかったボールも、捕れるようになったそうです。よく見えるうえに視野が広がったので、まわりの動きまでよく分かるようになったと言います。

念願の甲子園初出場、初勝利！

結果は自信へとつながる

　速読トレーニングによって、今までできなかったことができるようになり、試合でも結果が出せるようになると選手たちは自信がつき、プレーでも変化が見られるようになりました。自信はプレーにも影響します。やさしい性格の選手が多く、それまではどちらかというと消極的なプレーが目立ちました。それが、押しの強いプレーに変わり、自信が強くなっていったようです。自信は選手たちを明るくさせ、チーム全体の雰囲気もよくなっていきました。まわりの動きを見る力はプレー中に限らず発揮され、チームメイトを気遣えたり、自分で気づいて動くことができるようになり、チームは強くなっていきました。

甲子園初出場で初勝利！

　今まで福岡大会で決勝戦進出はしても、涙をのんでいた沖学園野球部。それが、強豪校がひしめく激戦区の南福岡大会を制覇し、記念すべき第100回全国高等学校野球選手権記念大会に出場することができました。しかも初出場にして、初勝利を決めた選手たち。速読のトレーニングによって、もともと持っている能力が引き出され、さらに努力して身につけた技術を最大に生かすことができました。結果は自信につながり、さらなるパワーを生み出すことに。

INTERVIEW

沖学園高等学校　野球部
鬼塚佳幸監督

甲子園で戦うことをイメージさせる

　創部61年という歴史を持つ沖学園野球部を、監督に就任してたった1年で甲子園へ導いた鬼塚佳幸監督。鹿児島の神村学園野球部の副部長として春夏4回、甲子園に出場した経験から独自の取り組みを実践。ところが……。

「選手たちの野球に対する意識の低さに愕然としました。これは、甲子園を知らないからだ。実際に甲子園に訪れたことがある選手は数名しかいなかったのです」

　鬼塚監督はバスで片道9時間かけて、選手たちを甲子園に連れていきました。漠然としたイメージでしかなかった甲子園を、もっと現実的なものにしようとしたのです。

今どきの子どもたちの特性を生かす

　また、選手たちの食の細さにもビックリしたようです。
「選手たちは食に対する意識が乏しかったのです。学校の食堂に協力してもらい、練習前に1人500グラムのごはんを食べさせました。補食は体づくりや体重維持はもちろんですが、夏バテ防止や、ケガの予防にもなります」

　ほかにも近くの砂浜でトレーニングをしたり、膝関節を

やわらかくするためにけん玉をさせたこともあったとか。
「選手たちは新しいことに興味を示して、すぐ飛びついてくれます。だから、タイミングを見ながらときどき新しい練習メニューを取り入れました。『速読』もそのうちのひとつ。試合で結果を出すには、やはり打率を上げること。打率を上げるには、動体視力を高めることだと思ったのです」

速読で自信をつけて意識を向上

『楽読』のコーチに依頼し、試合前にトレーニングをすると、思った通り効果はすぐに出て、南福岡大会の3回戦、強豪校の西日本短大付に勝利することができました。
「夏の大会は、優勝候補に次々とあたる最悪な組み合わせでした。でも速読トレーニングを取り入れておもしろいほどに打つことができ、西日本短大付を7対3で下すことができました。それをきっかけに選手たちは変わったのです。『負けるかも……』が『勝ちに行くぞ』『甲子園に行くぞ！』になり、その後は勝ち進み、選手の才能が開花したとも言えるでしょう。そして、全国大会出場を決めたのです」

　自信がつき、野球に対する意識も変わったようです。
「『強いチームと戦いたい』と選手たちの意識は向上し、前向きで明るくなりました。速読のトレーニングによって、選手たちはいろいろな面で進化していきました。今後どこまで伸びるのか楽しみです」

INTERVIEW

楽読インストラクター
中村福美子さん

沖学園野球部の速読トレーニング指導を行った中村福美子インストラクター。予選はもちろん甲子園にも行き、選手を見守っていました。そのときの様子を伺いました。

自分を信じることが勝利の近道

　南福岡大会の3回戦から甲子園出場までの間、中村福美子インストラクターは週2回ほど訪れ、試合の直前にも野球部を指導。

　初めて会った時にしっかり速読トレーニングの目的や効果を説明すると、選手たちは素直に取り組んでくれました。内容は『楽読』のレッスンとほぼ同じですが、本を高速スピードでめくり、速く見るトレーニングを4～5分間続け、選手たちとコミュニケーションをとる時間を取りました。

　トレーニング効果を確認し合ったり、褒めあったり、自分の意識を高めるような会話の時間を持ったのです。思ったことは実現化すること、とにかく自分はできると信じること、試合に勝ったときのイメージ、自分の理想の姿を想像するようにと話しました。

思ったことは実現化する

　動体視力や視野の広がりなど、見る力はすぐにアップし、効果は打率に現れました。また、コアチューニングによって、コアが安定し身体の軸ができ、ブレなくなりました。同時に落ち着いたプレーをするようになったのです。私からは、緊張や焦りから呼吸が乱れてると感じたら、試合の休憩中でもコアチューニングをするようにと言いました。体を緩めてリラックスしてプレーをすれば、彼らが持っている力を出し切れるからです。試合に勝てたこともあり、より選手たちは自信がつき試合に勝つ気持ちが強くなっていきました。メンタルがとても強くなり、その強さが彼らの野球をも強くしたのです。

　選手の親からも彼らの変化の声をたくさんいただきました。以前は試合が近づくと『勝てるかな〜』『大丈夫かな』といった不安な声を家で漏らしていたそうです。それが今回は一切そのようなことは言わず、彼らの姿を見ていても自信に満ちていたそうです。思ったことは現実化すると言いましたが、それを彼らは本当に証明してくれたのです。

眼筋トレーニングをする選手。常に"勝つ"イメージを持たせるように、意識を高めるような会話を心掛けている。

4-2 サッカーの場合

周りの状況を1枚の写真として頭にインプットする

クラブチーム　蹉跎伊加賀蹴球団

クラブチーム「蹉跎伊加賀蹴球団」では、速読トレーニングによって、判断スピードが上がったとか。コミュニーケーション能力まで高まりコーチとの信頼関係まで良好のようです。

判断スピートが上がり、切れのある動きに！

　サッカーのクラブチーム「蹉跎伊加賀蹴球団」では、以前、中学生チームで２カ月間、速読のトレーニングを行いました。週３回練習前に眼筋トレーニングやコアチューニング、眺める、高速パラパラなどを45分間行い、月に２回は「楽読」の講師を招き集中的にトレーニング。すると判断スピードが上がり、断然動きがよくなりました。運動能力や技術力があるのに判断が遅く、ゲームではなかなかいいプレーができない。そんな子が「まわりを見たら、自分がどう動いたらいいのかがわかった」と、すぐに動きがよくなりました。速読のトレーニングでは、味方や相手がど

こに、何人いるといった細かい状況を覚えるのではなく、そのときの状況を1枚の写真として頭にインプットするように教えました。それを実践できた子は、すぐにプレーに生かされたのです。

視野の広さと記憶力

　以前、ある番組で華麗なパスサッカーで魅せる元スペイン代表のシャビとアンドレス・イニエスタをテストし、脳の分析をしたことがありました。そこでは、空間認識力が非常に高いシャビに、試合のビデオを見せた後にプレイヤー20名の位置を書いてもらうテストを行いました。すると、16名の位置を記憶して再現したのです。

　速読のトレーニングで目や脳を活性化させた後に、子どもたちにも同じようにゲームのように、テストすることがあります。自分のまわりにいる5人くらいはほとんどの子が見えていて、なかには10人見えている子もいました。誰がどこにいるのか、できるだけ見えるようになることで、効果的なパスを出すことができるようになるでしょう。

眼筋トレーニングを行う中学生たち。目と脳を鍛えることで、視野の拡大と記憶力が向上したと言う。

パターンを引き出してプレーする

　また、その脳の分析で分かったのが、シャビはひとつひとつ考えながらプレーしているのではなく、記憶しているパターンを瞬時に引き出していることがわかりました。だから、判断が早いのです。子どもたちにもストーリー調にいくつものパターンを覚えさせて、どこにパスを出すか、それともボールをキープしていた方がいいのかなど、状況に応じて自分がどう動いた方がいいのか、パターンに当てはめることで、判断スピードをアップさせるよう指導しています。

右脳で感じる感覚を磨く

　速読のトレーニングをすると右脳が刺激されて、考えるより感じる感覚が磨かれました。ボールを見なくてもコントロールできるようになったり、パスが回せたり。子どもらしい素直なプレーができるようになったと思います。速読のトレーニングの延長で、音楽を聴きながらドリブルの練習をしたり、風を意識してプレーをさせて、脳を刺激するような練習を取り入れています。

オープンマインドでチーム力アップ

　右脳を活性化することは、コミュニケーション能力も高

めました。お互い感じたことをそのまま言葉で表現できるようになり、コミュニケーションがスムーズにとれるようになったのです。それは指導者にとっても同じこと。指導者も子どもたちと上手にコミュニケーションがとれるようになりました。

　さらに、チーム内ではよくひとりずつ、仲間のいいところをみんなの前で言い、褒め合うことをします。すると、「そんなところを見てくれていたのか」と、嬉しく思ったり、また、知らなかった自分の長所に気づくことも。それによってよりチームワークがよくなってきたようです。

月に2回ほど「楽読」の講師を招いて集中的にトレーニング。直感で感じる感覚が磨かれ、素直なプレーができるようになった。

速読で右脳が活性化されたことで、チーム内のコミュニケーションがよくなったと永山さん。お互いを褒め合うことも効果的。

INTERVIEW

クラブチーム　蹉跎伊加賀蹴球団　代表
永山宜真さん

子どもたちの可能性を広げていきたい

　クラブチームを卒業後はプロを目指してドイツに留学した永山宜真さん。その後日本に戻り、子どもたちの可能性を伸ばすため指導者に転向。

「高校3年生のときに、腰と膝を痛めてしまい、どこの病院に行っても治せないことがわかりました。そこで鍼灸院のいい先生と巡り会い、立ち方から歩き方、走り方、ステップ、ボールの蹴り方すべてを改善したら、体が治ったんです。体の故障によって、夢を断念せざるを得ない子どもを少しでも減らしたいと思いました」

「蹉跎伊加賀蹴球団」を永山さんが引き継いで10年以上になりますが、今まで一度も腰痛や成長痛に悩まさる子どもがいなかったそうです。

「数多くのジュニアチームがありますが、そのほとんどがケガをしてからの対症療法ではないでしょうか。どうしても防ぐことができないケガはありますが、本当にケガの予防に真剣に取り組んでいるのでしょうか？　練習によって体を痛めさせていないだろうか？　ケガを防ぐ体づくりをすることで、子どもたちの可能性は広がっていきます」

脳科学の研究が進むヨーロッパサッカー界

　永山さんが次に取り組んだのが脳を活性化させること。「情報を見て、覚えて、思い出し、判断して、動く。速読とサッカーは脳の使い方が似ているのです。5年ほど前に『楽読』のセミナーにスペインの名門クラブの強化部長を務めたこともある指導者、ミケル・エチャリ氏を招いたことがあります。すると楽読のメソッド、「判断力」の元になる理論を説明すると、素晴らしいと驚かれていました。今、ヨーロッパのサッカー界では、脳科学が進み、そこで取り組んでいることは『楽読』の理論そのものだったようです」

　際立った素晴らしいプレーをするサッカー選手はみな、判断スピード、脳の働きが高く評価されています。なかでも空間認識力が高いといわれているシャビは、少年時代、自分で考え、判断して、動くことを徹底して教え込まれていました。ほかにも瞬間的想像力が高いといわれているイニエスタや思考と肉体の連動がズバ抜けて優れているメッシなどがその代表です。

「ボールを見なくてもコントロールができ、考えるひまなく感覚でボールを操っています。そんな感覚や感受性がサッカーには大切なのだと思います。子どもは頭がやわらかいので、すぐに吸収できるでしょう。子どもたちの個性を生かし、可能性を広げていきたいと思っています」

　子どもの夢を力強く後押しする永山さんに、クラブの子どもたちも安心してついて行っているようです。

4-3 弓道の場合

丹田を鍛えて気持ちよく矢を放てるように

弓道　武田邦夫さん

弓道歴40年以上の武田邦夫さん。「楽読」を受講した初日に、早くも右脳がぽわっと温かくなるのを感じたそう。弓道で必要とされる体と心が速読で鍛えられると言います。

すぐに現れた速読効果

　脳の老化が気になり、「楽読」のスクールに通い出したという武田邦夫さん。体験ですでに手ごたえを感じ、1日2回レッスンを受ける日があるほど、集中して通ったそうです。
「10回ほど通った頃には、既成概念がなくなり、なんでもできるような気持になりました。もちろん本を読むスピードが速くなり、今までに1000冊以上読んでいる経済関連の書籍なら、イメージが働くので1冊15分ほどで読み終えます。他分野の本でも2、3倍速く読めるようになりました。そして30〜40回通った頃には、コアチューニングによって、いつでも腹圧がかかっているような状態になったのです」

丹田を鍛えてブレない体に

「『弓は丹田で離す』と弓道では言われています。弓道は「射法八節」と呼ばれる基本動作に沿って行われます。『心気を丹田におさめ』、また『気力丹田に八、九分詰りたる時、気合の発動により矢を発する』とあります。弓道において丹田はとても大切です」

速読のトレーニングのひとつ、コアチューニングで、武田さんは丹田を鍛えることができたと言います。

「弓を引分ける際、肩にかかる無駄な力が自然に抜けて、発射の気を熟するのを待つ『会（かい）』のときには、重心が下がり、気がスッと丹田に落ちるのです。そして、目で的を見ようとせず、うつろになり、心で的を感じ、張力から解放されるように自然に矢を放ちます。目で的を見ようとすればするほど、誤差が生じ、矢は的から外れるでしょう。そんな心のあり方は速読のトレーニングによって、右脳が活性化されたからできるのです。また、矢を離した後は、張力によって上半身が前後に振られやすいものです。でも丹田が鍛えられているので、ふらつくことがなくなりました」

矢を離した後の姿勢を見れば、良し悪しが分かるとか。速読のトレーニングを始めて、武田さんはおもしろいほど気持ちよく矢が放てるようになったそうです。

「矢を離す前の『会』という段階で、十分に待てず矢を離してしまうことがあります。気持ちが焦ってしまったり、緊張に耐え切れず、早く離してしまいたいといった衝動に駆

られるのでしょう。また、的に当てようと強く思い過ぎても起こります。逆になかなか矢を離すことができないことも。この矢を放つ『離れ』はみなさん自分なりの形がありますが、とても難しいものです。

　速読のトレーニングをするようになり、私はこの弓を引き分けてから離すまでの間の『会』の時間が13秒ほど保てるようになりました。全国大会に出るような長く保てる人でも見ていると10秒ほどです。さらに矢の離れもよくなり、矢を離す際に『カンッ』といった鋭いキレイな音が鳴るのです。ちなみに、離れが悪いと『バチッ』といった音がします」

　武田さんは究極の弓の達人がやっていた『離れ』ができるようになったと言います。

自己流で鍛える丹田

　弓道にとって、丹田が大切とは言っても、丹田を鍛えるメソッドはないそうです。
「丹田が大事だとわかっている人は、みな自己流で鍛えているようです。弓道は「射法八節」を理解し、それに沿って行います。それを理解するのも難しいものです。速読に出会い、速読のトレーニングをすることで、自然に弓道の真髄に触れることができました」

弓を引き分け、発射のタイミングを待つ「射法八節」で言う「会」の段階。重心を下げて、気を丹田に落とし、心の目で的を見る。

胸を広く開いて、矢を放つ「離れ」。矢を放った後、体幹が鍛えられていると、体の軸が安定しているので、体が左右に振れない。

「速読」を学ぶことで、難しい「離れ」や弓道の技が自然に会得できることを、全国の弓道家に広めていきたいと武田さん。

4-4 テニスの場合

コアチューニングで呼吸が整い冷静なプレーに

友進テニス道場　田中友幸さん

テニスプレイヤーから現在は指導者として活躍する田中友幸さん。レッスンで速読を取り入れてから、生徒さんの動きはもちろん意識まで変わってきたと言います。

ボールの反応が早くなり余裕を持ったリターンに

「選手のときよりボールへの反応が遅くなったのを感じて、速読を受講しました。以前から脳を刺激する速読がスポーツにも効果的なのは知っていましたので、始めようと思ったのです」

週1、2回「楽読」に通い、速読のトレーニングを受けた田中友幸さん。1ヶ月後にはテニスをして、速読の効果を実感したそうです。

「もともとリターンが得意だったのですが、返すのがやっとになっていたのです。ボールの動きは読めても体がすぐに動けなかったり……。それが、速読のトレーニングを始

めたら、ボールの見極めが早くなり、体もすぐに反応するようになりました。余裕を持って打ち返せるので、狙って返すことが楽にできます」

　また、コアチューニングによる効果もあったと田中さんは言います。

コアチューニングで下半身が強化

「テニスはラケットを振る上半身に目がいきがちですが、下半身の使い方が重要です。強いボールを打とうとすればするほど、腕や手首に力が入りやすくなるものですが、肩や腕、手首に無駄な力が加わると逆にしなやかさがなくなりいいボールは返せません。下半身の回転運動、体重移動の力を利用してラケットをスイングすることで速く、強いボールが返せるのです。それには体の軸がブレないことが大切です。コアが整えられていれば重心を落とすことができ、ブレを防いでさらに自然に上半身の力が抜けるのでストロークが安定します。下半身と上半身の連動によって、力強いショットが打てるのです」

　速読トレーニングのひとつ、コアチューニングによって、無理なくコアが整えられたと田中さん。
「コアチューニングも1、2ヶ月行うと、コアが整えられてきました。重心が下がり、上半身は無駄な力が自然に抜けて、動きがしなやかになってきたと思います」

緊張をやわらげて落ち着いたプレーに

田中さんはテニスのレッスンに、眼筋トレーニングやコアチューニング、高速パラパラといった速読トレーニングを取り入れています。生徒さんたちもみな速読トレーニングの効果を実感しているとか。
「速読トレーニングによって、コアが整えられるとストロークが安定するだけでなく、落ち着いたプレーができるようになってきます。それは深い呼吸ができるようになるからです。息を吸うときには横隔膜が下がり、吐くときに戻ります。そんな横隔膜の動きは、コアが弱いと支えられず、深い呼吸はできません。年齢とともに呼吸が浅くなるのはコアが弱くなるためです。逆にコアが整えられていると、横隔膜の動きがよくなり、深い呼吸ができるのです。深い呼吸は、気持ちをリラックスさせます。試合でも緊張することがなく、冷静に考えてプレーすることができるのです」

明確なテーマを持って練習に取り組む

速読のトレーニングによって、意識の持ち方まで変わってきたと田中さんは言います。
「漠然と与えられたメニューをこなしたり、なんとなく練習をしているといった人が、速読のトレーニングを取り入れるようになってから減ってきました。速読トレーニングを行うと、視覚や脳の働きを高めるため、全体を捉えるこ

とができたり、頭を整理することができるようになります。ものごとをシンプルに考えられるので、何をするにも明確なテーマがはっきり見えてきます。自分のテニスをどうしたいとか、こんなプレーで試合に勝ちたい！ といったテーマや目的をしっかり持って練習や試合に取り組むようになるのです。目的が明確にあると、取り組む意識や姿勢が変わります。同時に集中力も高まるので、練習効果が上がるのです。だから上達も早いと言えるでしょう」

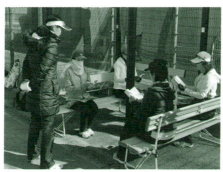

レッスン前に速読のトレーニングをすることで、呼吸が深くなり落ち着いたプレーができるようになった。

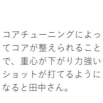

コアチューニングによってコアが整えられることで、重心が下がり力強いショットが打てるようになると田中さん。

4-5 卓球の場合

集中力と
攻め続ける気持ちで
"勝ち"をつかむ

卓球　池田孝史さん

中学生のときに卓球をはじめ、現在も地域の社会人チームで卓球を続けている池田孝史さん。速読トレーニングによって集中力と更なる積極性を引き出せたようです。

速いボールに体がついていくように!

　読書量を増やすことと、仕事での集中力をさらに引き出す目的で「楽読」のスクールに通いはじめたという池田孝史さん。当初は週に一回のペースでトレーニングに通っていたそうです。トレーニングの内容は楽読で行う基本のもので、眼筋トレーニング、コアチューニング、高速パラパラなど。通い始めて5か月ほど経ったころ、仕事での効果が現れてきたのと同時に、卓球のプレーにも変化が見えてきました。まず、今まで対応できなかった速いボールにも対応できるようになりました。状況判断が早くなったことで体がスピードについていけるようになったのです。相手がボー

ルを打った瞬間にコースを予測できるようになり、速いボールでも余裕を持って打ち返すことができるようになりました。また、動きに余裕ができたことで、フォームを作ってから打ち返すことができようになり、よりパワーのあるボールを打てるようになりました。

決してあきらめない勝負強さが身についた

　また、その他の効果として、試合の際に決してあきらめずに攻め続ける積極性が身についたと池田さんは言います。ラリーの際にも相手が打ちにくいコースを狙って積極的に打ち込んでいきます。集中力と判断力が上がったことで、勝負強さが身についたのです。それと同時に、落ち着いたプレーができるようになりました。コアトレーニングによって深い呼吸ができるようになり、試合でも緊張することが少なくなりました。相手のボールに素早く反応しながら、相手が返しにくいコースを狙って冷静に打ち返すことができるようになりました。

　そのような経験を元に、現在は会社の先輩に楽読トレーニングを勧めたり、クラブチームでは後輩の育成に力を入れています。

| INTERVIEW | 心理専門士、ビジネス瞑想家
本田ゆみさん |

「楽読」の受講生でもある有限会社スプーン代表の本田ゆみさん。「楽読」の速読トレーニングは脳を活性化させる画期的なプログラムだと言います。その効果を詳しく伺ってみましょう。

| Profile | **本田ゆみ**
有限会社スプーン代表
心理専門士、ビジネス瞑想家 |

脳の特性を活かした独自のメソッド「ブレインストレッチ®」を考案し、医療機関と連携してメンタルケアを行う。子どもからアスリート、ビジネスパーソンなど25,000件以上のカウンセリング実績を持つ。多くの企業でカウンセリングや研修を実施し、全国で講座、研修、執筆活動を行っている。

自分を信じることが勝利の近道

　パフォーマンスの向上には、脳の活性化やメンタルの働きが重要だと、本田ゆみさんは言います。
「技術や能力があっても、気持ちが落ち込んでいたりストレスが溜まっていれば、自分が持っている力を100％発揮することはできません。調子がいいときはできるけど、悪いときはできないでは困りますよね。常に安定した高いパフォー

マンスを求められるスポーツ選手において、メンタルはとても大切なのです」

モチベーションや集中力などメンタルは、脳や自律神経がコントロールしていると本田さんは言います。
「脳の機能が改善されない限り、メンタルの改善も求められません。うつ患者は人の行動に関わる脳の前頭前皮質の血流が悪いと言われ、前頭前皮質を活性化させることで改善できることがわかっています。同じように脳の機能を活性化させれば、メンタルも改善できるのです。人それぞれの脳の状態に合わせてメンタルをケアするのが「ブレインストレッチ®」です。

本田さんは「ブレインストレッチ®」は、速読トレーニングと同じ効果が得られると言い、「楽読」のメニューは脳を活性化させるための完成されたプログラムだと言います。

脳の司令塔「帯状回」を鍛える

「脳には脳全体の司令塔と言われている帯状回という部分があります。この部分は刺激を与え過ぎると血流が悪くなり働きが低下します。働きが低下すればメンタルばかりでなく、思考力や集中力、体の動きなどの機能が低下してしまうことに。だから脳トレでただ脳を刺激するだけではなく、『楽読』のトレーニングは、体や脳をゆるめたり、リラックスさせる効果もあるようです。緊張や刺激とリラックスのバランスが絶妙なのです」

本田さんは脳にリラックスを与えると脳の働きが向上すると言います。
「人間の脳はひとつのことしか集中できません。『楽読』で行う高速パラパラや本の文字を眺めながら速聴をしたり、おしゃべりするトレーニングは、同時にいろいろなことをするのでソフトフォーカスされ、リラックス状態をつくります。その状態で質問されると自分のことが話しやすく、自分の深層心理に気づくことも。また、わくわくしたり楽しい気持ちになったり、癒されるので、脳内ホルモンといわれるドーパミンやセロトニンも分泌されるのではないでしょうか」
　また、目を閉じるだけでも効果があるとか。
「目を閉じて目から入る情報を遮断するだけでも脳はリラックスして帯状回を活性化させます。東大合格率の高いある進学校では、授業の前と後に３分間目を閉じる時間を作っています。記憶力を高めて情報をインプットする力がつくことが研究でわかっているようです」

IQよりEQの時代へ

「スポーツにおいても最近は五感を大切にしています。人やボールを気配で感じとる力や察知や予測といった人が本来もっている本能の力。人工知能が発達した今、これからはIQだけでなく、EQ（心の知能指数）を高める時代です」
　本田さんは、人や自然との調和を速読のトレーニングで育むことができると言います。

Chapter
5

トレーニングを
長く続けるコツ

5-1 忙しい人向け「時短トレーニング」

メインの4つのトレーニングをマスター

　仕事や勉強など、忙しくて時間がなかなかとれない人は、内容をギュッと凝縮した4つの時短集中トレーニングを行ってください。メインのトレーニングだけを選び、コンパクトにまとめました。「練習時に取り入れたい、試合の前にちょこっとやりたい」そんなときにも役立ちます。実際に「速読」をトレーニングしたことがある人は、プレーの直前や試合の朝自宅を出る前にこのトレーニングを行っているようです。**この4つのトレーニングだけでも、目と脳を鍛え、コアを整えます**。目と脳の情報処理スピードが上がり、思考力や記憶力、判断力がアップするでしょう。さらに、自律神経が整い、緊張をほぐし、落ち着いてプレーができたり、体の軸が安定して体がなめらかに動くようになります。この4つのトレーニングは、いつでもどこでもできるように覚えてください。また、プレー中に、心や体が乱れそうになったら、コアチューニングの呼吸法だけでも行いましょう。

時短トレーニングメニュー

1 眼筋トレーニング (P.58)

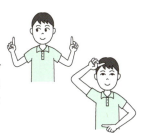

目を左右、上下、遠近に動かすトレーニングです。始めはゆっくり目を動かし、徐々にスピードアップさせましょう。終わったら目を閉じ休ませてください。

---

2 コアチューニング (P.66)

仰向けに寝て、膝を90度に曲げて肩幅に広げたら、7つのポイントを両手の3本指で押していきます。鼻からゆっくり吸い、口から細く吐き、2セット行います。

---

3 高速パラパラ (P.72)

会話をしたり速聴を聞きながら本をパラパラとめくります。文字が見える程度の速さで始め、少しずつスピードを上げていきます（内容はわからなくてよい）。4、5分行います。

---

4 キラキラ体操 (P.78)

頭の上で手のひらを合せ、鼻から息を吸いながら体を伸ばします。肩甲骨を意識しながら「キラキラ」と手を動かし、口から息を吐きます。首を左右に2回ずつ回して終了。

5-2
スキマ時間にできる「ながらトレーニング」

気軽に！ 簡単に！ 目や脳を活性化

　速読トレーニングのほかでも脳に刺激を与えられる機会があれば、できるだけ有効に使いたいものです。毎日の生活の中で無理なくトレーニングを取り入れることができれば、より効果がアップするはず。もっと目や脳を鍛えたい！ そんな人にうってつけの方法を紹介します。通勤、通学の途中やトイレの中、散歩中でもできる簡単な方法です。ただ、頑張り過ぎは禁物です。気持ちをラクにして、楽しいと思う方法で行いましょう。

■ 電車の中でトレーニング

　電車やバスの中、オフィスでもできる眼筋トレーニングです。目を閉じたまま、目を左右、上下に動かすだけ。どこでも気軽に行えます。目が疲れたときに行うと、目のまわりの筋肉をほぐす効果もあります。

■ 緑を見ながら遠近トレーニング

　自然の緑を見ると体も心もリラックスするので、目の筋肉をほぐす効果が期待できます。目が柔軟に動くので、トレーニング効果もアップ。ぜひ、外の緑を対象物にして眼筋の遠近トレーニングを行ってください。木や山をめがけて目を動かしましょう。

■ 歩きながらトレーニング

　歩きながら眼筋トレーニングを行ってみましょう。目の前のマンホールから高いビル、信号機や看板、ポスターなど、街中にトレーニング材料は溢れています。地面から青い空に向かって目を動かしても気持ちがいいものです。いつも何気なく歩いている道に新しい発見があるかも!?

■ トイレの中でトレーニング

　眼筋トレーニングを定着させるには、トイレの中が最適。トイレの扉の左右上下に好きなシールを貼り、シールを対象物にしてトレーニング行いましょう。トイレに入るたびに行えば、無理なくトレーニングが習慣づけられ、目が鍛えられるうえに目のコンディションも整えられます。

5-3 「おまけトレーニング」で日頃から脳を活性化！

普段使わない脳を使って刺激しよう！

　速読トレーニングのほかに、脳を刺激する楽しいトレーニング方法を紹介します。ひとつは**「一人じゃんけん」**です。勝ち負けを考えながら、右手と左手で別々の動きをさせる体操です。手を動かすことは、それだけでも脳を刺激します。「普段から脳を使っている」という人も、脳のすべてを働かせているとは限りません。普段しない複雑な動作をして、脳の状態をみてみましょう。思うようにできなければ、普段使っていない脳を働かせたということになります。脳を刺激して、血流を促し、若返らせましょう。

　また、速く読むためには、語彙を増やし、言葉の照合力を高める必要があります。どのくらい言葉を知っているのか、**「一人しりとり」**をして試してみましょう。しりとりは「思い出す」と「記憶する」を繰り返す、簡単なようで脳を使う遊びです。最適な脳トレと言えます。相手がいれば、ルールを決めて誰かとやってもいいでしょう。

おまけトレーニング①

一人じゃんけんのやり方

1. 右手で「グー、チョキ、パー」の順番でテンポよく出し、左手は右手に勝つように出します。
「グー、チョキ、パー」を1回として10回行います。

2. 今度は左手が負けるように出します。
同じように10回行ってください。
できるようになったら、左右の手を変えてみたり、スピードを上げて行いましょう。

おまけトレーニング②

一人しりとりのやり方

1. 3文字、5文字など字数を制限したり、
人名、地名、食べ物など
テーマやルールを自分で設定します。

2. 10分間タイマーをかけて、
設定したルールで一人しりとりをスタートします。

3. 声に出したり、紙に描いてもいいです。
絵を描くとイメージ力アップにもつながります。
ウォーキングやそうじなどをしながら、
しりとりをするのも効果的です。

Epilogue
おわりに

　この度は数ある速読本の中から本書をお読みいただき誠にありがとうございます。
　まだ私たちは目も脳も能力が全て使えていないと言われています。ただ速読トレーニングをすれば誰でもその能力が使えるようになっていきます。『速読』は単に読書スピードをアップさせるテクニックではなく、目や脳の働きを活性化させて、人間の潜在能力を引き出すアプローチのひとつなのです。
　トレーニングにより本が速く読めるのはもちろんのこと、情報処理能力が高まりメール処理が楽になった、視野が広がり安全運転になったなど日常の変化がたくさんあります。

　そのうち特にわかりやすいのが本書でご紹介したスポーツでの成果です。
　私たちは子どもたちにトレーニングをよくしますが、「今まで見えなかったボールが見えるようになってヒット

が打てたよ！」「サッカーの試合で相手の動きが見えてパスが出せたよ！」「試合はいつもドキドキしていたけど不思議と落ち着いていたよ！」などたくさんの嬉しい感想をキラキラした笑顔で話してくれます。

　トレーニングを通して変化していく中で、子どもたちにドンドン自信がついているようです。

　人間の脳はもともと周囲の環境に合わせてその能力を変えていくという性質を持っています。子どものうちから脳を鍛えて目に見えた成果を味わうことで「自分は出来る！」という自己肯定感が高い子どもたちが世の中に増えていくのではないでしょうか？

　私たちは全国のスクールで皆さんの人生がイキイキ輝くために毎日レッスンを行っています。

　速読トレーニングで自己肯定力が高まり元気な日本、元気な社会が広がることを心から願っています。

　　　　　　　　　　　　　　　一般社団法人楽読ジャパン
　　　　　　　　　　　　　　　石井 真

STAFF

ブックデザイン	伊地知明子
カバーデザイン	大島歌織
イラストレーション	寺崎 愛
執筆	内田桃孔
編集・構成	渡邊雄一郎(グループONES)
編集	加藤健一(カンゼン)

速読トレーニングで磨く
スポーツの判断力
動体視力　視野の広さ　脳の処理速度

発行日	2019年3月16日　初版
著者	石井 真
発行人	坪井義哉
発行所	株式会社カンゼン
	〒101-0021
	東京都千代田区外神田2-7-1 開花ビル
	TEL 03(5295)7723
	FAX 03(5295)7725
	http://www.kanzen.jp/
	郵便為替 00150-7-130339
印刷・製本	株式会社シナノ

万一、落丁、乱丁などがありましたら、お取り替え致します。
本書の写真、記事、データの無断転載、複写、放映は、著作権の侵害となり、禁じております。

©Makoto Ishii 2019
ISBN 978-4-86255-507-6
Printed in Japan
定価はカバーに表示してあります。

ご意見、ご感想に関しましては、kanso@kanzen.jpまでEメールにてお寄せ下さい。
お待ちしております。